Un pequeño gran paso

Shivagam Sranamjiv

F.Lepine Publishing

© Carlos Palmero Zingaro, 2020

ISBN: 978-1-926659-43-5

www.shivagam.com

Indice

Introducción 5
Parte 1: Sangha 9
   ¿Cómo Cuidar de tu Pareja? 11
   Ábrete a la Vida 17
   Los Gritos 21
   Proyección vs. Responsabilidad 25
   Una Conversación Correcta 28
   ¿Cómo Perdonar? 33
   La Policía 39
   Días especiales en el calendario 43
   Satisfacción en la Vida 47
   ¿Te atreves a ser un Santo? 51
   Interludio: Las 4 Nobles Verdades 53
Parte 2: Ahamkara 55
   ¿Qué es el ego? 57
   Adiós a los ataques de ira 61
   Autoestima 65
   Ama tu cuerpo 69
   ¿Valor o no Valor? 73
   Tú eres la fuente de tu verdadera felicidad 77
   Eres Libre ¡Toma tu Lugar! 81
   La Esencia Femenina 84
   La Esencia Masculina 87
   ¿Un paso más? 91
   Interludio: Lo que haces y lo que eres 95
Parte 3: Atma 97
   ¿Qué soy? 99

¿Qué es la Alegría?..103
Misión de vida..105
¿Cómo Percibe el Alma?..109
Pasión..113
Karma 115
Los 10 Planos de la Existencia 121
Conecta contigo...126
Compasión 129
Interludio 3: Dios es la respuesta...135
Parte 4: Brahma..137
¿Qué es Dios?...139
Conquista tus Apegos..142
Severidad en la Virtud 149
La evolución del alma 153
Unidad 163
Ilusión vs. Realidad 167
Amor 171
Simplicidad 175

Introducción

Tener problemas y dificultades es parte inevitable de la vida, no hay absolutamente nadie que esté libre de estos momentos desagradables. Situaciones como ansiedad, estrés, depresión, desilusión en la vida, conflictos de pareja… son problemas comunes para muchas personas. Además, podemos caer en el error de sentirnos culpables por estar tristes y sentirnos mal o avergonzarnos por tener una dificultad y necesitar ayuda. Sin embargo, no debería de ser así.

En ningún momento has elegido deprimirte o sufrir ¿cierto? No lo elegimos, a veces las relaciones se acaban, a veces la gente no te trata bien, a veces los seres queridos fallecen, perdemos el trabajo o tenemos problemas económicos. En definitiva, la vida simplemente pasa y en ocasiones hay sufrimiento. También hay alegría, no todo es negativo, pero debemos aceptar que el dolor es real y lo experimentamos.

Si estás leyendo este libro no es por casualidad, tampoco es porque tengas problemas, ya que todos los tenemos. Estás aquí porque probablemente te has cansado y has decidido hacer algo al respecto, así que ya has dado el primer paso. ¡Enhorabuena!

El siguiente paso es entender que, detrás de cada problema que tienes, se esconde una enseñanza que sólo tú puedes descubrir y comprender. Y precisamente en el momento en que la encuentres y la integres, dicho dolor y dificultad desaparecerán, dando lugar primero a un estado de paz y luego a la alegría. Para ser más precisos, no es que surja una enseñanza como algo mágico, sino que es un descubrimiento de ti mismo/a.

Pongamos un ejemplo: si yo me doy cabezazos contra la pared, la consecuencia es que me dolerá la cabeza, pero como no me doy cuenta de lo que estoy haciendo, continúo dándome golpes mientras me quejo del dolor de cabeza que tengo. Mientras siga haciéndolo, el dolor de cabeza permanecerá. Bueno, pues parecido a este ejemplo es lo que sucede en la inmensa mayoría de tus problemas: los vives y revives una y otra vez porque hay algo en tu interior que te hace comportarte siempre de la misma forma, causando siempre los mismos resultados. Esa es la enseñanza por descubrir: qué debo cambiar yo en mi interior, para que este dolor y esta situación cesen de una vez por todas.

Recuerdo que de niño y adolescente iba de una depresión a otra, sufrí insomnio desde los 12 años, y en las mañanas sentía que no tenía ninguna ilusión ni motivación en la vida. Cada día tenía una crisis de pánico antes de entrar al colegio por el *bullying* que iba a recibir ese día. Con 17 años, el fuerte rechazo a mi orientación sexual y la falta de aceptación me llevaron de nuevo a ese estado que ya tanto conocía: la depresión. Y fue en ese momento que algo en mí despertó y dijo: "Es imposible que la vida solo sea sufrimiento, debe haber una manera de salir de aquí y disfrutar."

Y fue así como comencé a leer libros de autoayuda, a tomar terapia y cursos donde pude resolver parte de mis conflictos y complejos. Pero no fue sino hasta que aprendí Integración Emocional que pude sentir realmente que terminaba de superar los traumas y cerrar esos capítulos definitivamente.

Resolver todas estas dificultades, no solo me aportó paz y tranquilidad, sino que me permitió recordar que desde niño había tenido otras preguntas y dudas a nivel existencial que no había conseguido responder. ¿Por qué estamos aquí? ¿Qué soy? ¿Qué es y cómo funciona el Universo? ¿Qué hay más allá de la vida? ¿Existe Dios? Estas dudas filosóficas y espirituales me quitaban el sueño tratando de entenderlas, hasta que con 6 años me dije a mí mismo: "Soy muy pequeño para entender esto y no tengo quién me explique, cuando crezca lo resolveré." Y así fue, al sentirme tan bien conmigo mismo, con mi vida, con la vida en general, fue que pude entonces empezar a buscar todas estas respuestas, pero ahora en el ámbito de la espiritualidad, a través de meditaciones e incluso algunas prácticas ascéticas.

A los 6 meses de meditar alrededor de 2-3 horas al día, de repente *¡boom!* experimenté una explosión de alegría, una bendición enorme en mi interior que nada tenía que ver con el exterior, una cantidad de amor y felicidad que nunca antes había vivido, de hecho, que ni siquiera sabía que existía. Había oído algo acerca de la "alegría y el amor interior" pero me sonaba más a utopía o filosofía *hippie*, hasta que lo viví en primera persona. Descubrir que de verdad todo eso siempre había estado en mi interior y que ahora tenía acceso a esos estados fue una experiencia bellísima, reveladora y transformadora. Tenía entonces 24 años.

Esta experiencia me hizo darme cuenta de que en ese momento ya había logrado lo que se supone tenía que lograr a lo largo de toda una vida, lo que había soñado y lo que todos buscan. Tenía un trabajo exitoso como arquitecto, vivía en un ático enorme con mobiliario de lujo y con vista al mar, desde donde veía el amanecer cada día… y entonces me vino la pregunta "Y, ¿ahora qué? ¿Qué me espera el resto de la vida? ¿Seguir coleccionando dinero y objetos?"

Lo que decidí fue irme al otro extremo. Regalé todas mis pertenencias, me deshice de absolutamente todo (ropa, libros, fotos, muebles…) e hice una maleta con 2 pantalones, 2 camisetas, una manta, un abrigo, unos tenis y unas zapatillas; en ese momento esas eran todas mis pertenencias. Saqué un billete de avión solo de ida a México y dejé atrás toda la vida que me había construido. Durante varios meses viví aislado de las personas, y lo único que hacía era meditar 12 a 16 horas al día y dormir. Y por supuesto que logré un gran estado de paz, pero a los 3 meses me sentía inútil, pues no estaba ayudando a nadie ni aportando nada al mundo.

Estar bien conmigo mismo no era suficiente, existir solo para mí no se sentía bien, se sentía egoísta, no podía no compartir lo aprendido con otras personas. Fue así como descubrí la importancia de adaptarnos a la sociedad actual y del camino medio enseñado por Buda. Entendí que no era necesario ser pobre y aislarme del mundo, sino que debemos encontrar el equilibrio en nuestras vidas a través de evitar los extremos y mantenernos en el centro.

En ese momento decidí regresar de nuevo a la sociedad, empezar a construirme de nuevo una vida desde cero, volver a estar en contacto con las personas, con mi familia, y retomar las clases, terapias y cursos que había dejado de dar. Era más que un deseo, una necesidad de ayudar y decirle a todas esas personas que se sienten sin esperanza, sin solución: "Hey, tu problema tiene solución, lo sé porque yo lo solucioné."

Así que estas mismas palabras son ahora para ti, tanto si deseas conocerte en profundidad, como si lo que quieres es superar tus conflictos, si te sientes desesperanzado o con la sensación de que tus problemas son muy graves y no tienen solución. Debes saber que es totalmente posible sanar, encontrar paz y volver a sonreír.

No existe ni un solo problema o trauma emocional que no tenga solución si decides llenarte de valor y afrontarlo con las herramientas apropiadas. Tienes que despertar en ti ese mismo poder que yo encontré en mí: el saber que no vas a parar hasta que superes tus dificultades, te aceptes, te descubras y te ames a ti mismo/a, e inicies el camino para convertirte en un Ser Integrado, una persona que vive en paz, armonía y felicidad.

En este libro encontrarás pequeñas reflexiones, fáciles de leer y de entender que te ayudarán a abrir tu mente, a considerar diferentes perspectivas acerca de tus dificultades, de la vida y de la conexión con tu esencia e incluso lo que hay más allá de ti mismo/a.

El libro está dividido en 4 partes: la primera se enfoca en la relación entre tú y la sociedad, tu entorno, familia, trabajo; la segunda es ahora exclusivamente acerca de la relación contigo, tus complejos, tu auto-aceptación, tu energía masculina-femenina; la tercera parte es sobre la conexión y relación con tu consciencia, con el origen de tu individualidad, lo que algunos llaman tu alma; y por último, la cuarta parte aborda lo universal, aquello que nos traspasa y es mucho más grande que nosotros mismos, lo que algunos llaman lo Divino o Supremo.

Parte 1: Sangha

Sangha significa "comunidad" en sánscrito. Principalmente hace referencia, en el budismo, a todas las personas que se juntan para apoyarse y acompañarse en el camino espiritual. Cuando ampliamos su significado entonces incluye la relación con tu entorno más inmediato, es decir tu familia, amigos, compañeros de trabajo y la sociedad. Esta primera parte está dedicada a nuestro vínculo y relación con la Sangha.
Shivagam

¿Cómo Cuidar de tu Pareja?

Cuida de tu pareja porque le amas y no por el miedo a perderle.

Cuando nos enamoramos y comenzamos una relación estamos muy involucrados, motivados y apasionados por la relación. Lo damos todo para asegurarnos de que funcione y nos tratamos como auténticos enamorados, mostrando lo mejor de nosotros mismos.

Entonces la relación va avanzando y es frecuente que las personas inicien proyectos en común que los unen a su pareja, como vivir juntos, casarse, tener hijos, mascotas, quizás negocios… Y llega un momento en el que todos estos aspectos despiertan la inseguridad e inconscientemente cada uno se convence de que esa es la manera de mantenerse unidos. El tiempo continúa pasando y empiezan a acomodarse y descuidarse mutuamente. Ya no se tratan con ese amor del inicio e incluso llega un punto donde parece que en lugar de ser pareja son enemigos, donde hay más discusiones y reclamos que muestras de amor y cariño.

Se confiaron y cayeron en el error de creer que los proyectos en común, las responsabilidades y compromisos son lo que mantiene unida la pareja, pero esa no es la mejor forma. El mayor y más eficiente elemento de unión que puede existir es el amor. Este hace al mismo tiempo de pegamento que une a ambos, así como de gasolina que impulsa, empuja y hace que la relación evolucione.

Nunca debes tratar de alargar y afianzar tu relación poniendo más y más compromisos o responsabilidades, sino poniendo más y más AMOR porque tarde o temprano, los primeros se romperán si no hay amor. No se trata de rechazar los compromisos, sino dejar que surjan como resultado del amor y no del miedo a la ruptura, o como medida de control o presión de uno hacia el otro.

En una pareja el amor no se mantiene y genera por sí mismo. Este es uno de los principales errores, las personas no se responsabilizan de amar y mantener ese amor, sino que esperan que se mantenga como por arte de magia. Es una responsabilidad de cada uno cuidar y alimentar ese amor. Es como el dinero, hay que depositar constantemente en la cuenta común para que ambos puedan luego disfrutarlo y en caso de dificultades tengan "amor ahorrado" para sobrellevarlas.

Si tienes un negocio y un cliente te compra una vez estás muy contento y agradecido. Cuando este cliente vuelve por segunda o tercera vez le empiezas a tratar mejor y mejor porque se ha convertido en un cliente fiel. Cuanto más regresa a tu tienda, mejor le tratas, más beneficios le ofreces y mejor le haces sentir. Cada día que regresa le das más motivos para que vuelva al día siguiente. Jamás se te ocurriría darle por sentado, tratarle mal o engañarle porque sabes que podría comprar en cualquier otra tienda y perderías a un buen cliente.

Pues bien, tu pareja es tu mejor cliente. Una pareja es una persona totalmente libre que NO tiene la obligación de comprar en tu "tienda", no tiene un contrato de permanencia contigo. Tu pareja no tiene por qué continuar la relación, no tiene por qué amarte, no es su obligación, sino una elección. Tu pareja es una persona totalmente libre que no te pertenece.

¿Cuánto das por hecho que "tiene que amarte", que "tiene que estar contigo", cuidarte y apoyarte? ¿Cuánto has dado por sentado a tu pareja?

¿Y cuántos motivos o razones le das para que te elija a ti como ese cliente a la tienda?

Para que una relación funcione a largo plazo, es esencial que ambos salgan de ese "darse por sentado", de ese acomodarse en la relación, y se den cuenta que deben dar a su pareja infinidad de motivos para que de entre todas las opciones que hay, los siga eligiendo cada día. Que esa elección sea por el amor y los beneficios, no por la presión y el control ejercido, no por las responsabilidades en común, no a través de imponer miedo, sino a través de alimentar la relación, cuidarse y amarse.

Si al llegar a casa tu pareja lo primero que recibe son quejas, reclamaciones y gritos, ¿tratarías así a un buen cliente? ¿Crees que eso le acercará o alejará de ti? Estás creando un campo de batalla en vez de un hogar confortable donde ser feliz. Tu pareja (y tú) no tienen la obligación de regresar cada día a casa, debe ser una elección voluntaria. Por tanto, cada día que regresan deben verlo con gratitud porque ambos son libres de no hacerlo. Esto te mantiene con los pies en la tierra constantemente y evita que caigas en esa completa seguridad para que así permanezcan siempre cuidándose y alimentando la relación a través del amor. De esta forma llevarán la relación desde el amor y no desde el control.

Una vez que tienes claro que deben cuidarse mutuamente, la cuestión es ¿cómo? ¿Cómo hacer que la persona a la que amas se sienta cuidada?

Contempla que tú tienes tu forma de ser, tus preferencias y gustos. Tú sabes cómo quieres que te cuiden y te consientan, y por ello crees que a todo el mundo le gusta lo mismo y que todos necesitan lo mismo que tú, pero no es así. Cada persona tiene su particularidad y todos tienen necesidades y gustos diferentes. Por tanto, lo que a ti te hace feliz puede ser que a tu pareja o familia no les interese o no les genere la misma emoción de alegría o excitación que a ti.

Por ejemplo, en alguna ocasión fuiste a comprarle un regalo a una amiga que tiene gustos contrarios a ti y encontraste una camiseta que sabías que le iba a encantar, pero a ti no te gustaba. Entonces te dijiste: "No puedo regalar algo que no me guste, tengo que ser honesta conmigo misma". Y finalmente compraste una camiseta que a ti te encantó, pero a tu amiga no. ¿De verdad cuidaste bien de tu amiga? La camiseta no era para ti. ¿Cómo te sientes cuando alguien te regala algo que no te gusta?

Respira.

Cuidar de tu pareja o seres queridos consiste en cuidar de la forma que ELLOS necesitan, no como tú quieres hacerlo. Para ello tienes que sacrificar tus preferencias por ese breve período de tiempo. Debes entender que ese momento es para hacer a la otra persona feliz no a ti, pero tú podrás disfrutar a través de ver feliz a quien amas. Luego, en otra ocasión será al revés.

Otro ejemplo sucedió cuando quisiste invitar a tu pareja a una cena romántica y lo que hiciste fue llevarle a TU restaurante favorito. ¿No es esto egoísta? Si la velada perfecta para tu pareja es cenar una hamburguesa en el sofá con una cerveza viendo tele y tú a su lado, ¿lo harías para que se sienta consentido? ¿O pensarías, "esto es aburrido, no es romántico, no me gusta, así no quiero hacerlo"? Si le quieres consentir debes aceptar hacer lo que la otra persona va a disfrutar.

Recuerda cuando tu pareja te dio una sorpresa exactamente como la querías, cuando te regaló justo lo que deseabas, o te llevó a ese sitio que tanto te gusta; en ese momento tu corazón explotó de amor y felicidad. En ese instante no tenías ojos para nadie más y la relación se fortaleció. Esa sensación es la que tienes que crearle a tu pareja. Entonces se sentirá tremendamente satisfecho contigo. Con esto habrás puesto en movimiento la rueda en la relación y ahora tu pareja también querrá, de forma natural, cuidar de ti.

Uno de los problemas que impide cuidar unos de otros es que todos siempre quieren recibir antes de dar, pero debe ser al revés, primero dar para luego recibir. En ocasiones sucede que estás esperando a que tu pareja haga algo por ti y como no lo hace, tú tampoco haces nada por él/ella y en tu mente tienes el pensamiento de "si él/ella no hace nada, yo tampoco". Esto es orgullo. Para que una relación se mantenga viva tiene que haber movimiento y alguien tiene que comenzar a darlo para que la rueda gire. No esperes que la otra persona inicie ese movimiento, inícialo tú. Atrévete a ser tú quien rompa ese orgullo y empiece a dar.

Contémplalo desde este punto de vista: cuando alguien te hace un regalo sin ningún motivo, inmediatamente después sientes que estás en deuda y que ahora tú le debes algo. Igual sucede en las relaciones: cuida de tu pareja tú primero y esto hará que tu pareja sienta el deseo y necesidad de cuidar de ti. Así entre ambos estarán haciendo que la relación fluya y que no haya monotonía. Estarán cuidando del amor juntos.

Por otro lado, igual que hasta ahora has cuidado de tu pareja a tu manera, entiende que tu pareja ha cuidado de ti a la suya. Probablemente cuando te quejas de que no se preocupa de ti o no te cuida, no es así, sino que el problema es que lo hace a su manera y no a la tuya, por lo que no te sientes cuidado. No le culpes, tenle compasión y perdón pues tú has hecho exactamente lo mismo. La solución es sentarse a hablar con honestidad y tranquilidad. Primero pregúntale: "Cariño, ¿cómo necesitas que te consienta y te cuide?" y trata de entenderle y de recordar lo que te está diciendo. No lo tomes como reproche, sino más bien es que por fin se están conociendo desde esa óptica. Luego con total claridad y sin indirectas le dices "Cariño, cuando quieras consentirme esto es lo que me gusta" y le das tu lista. Entonces sabrán las necesidades el uno del otro y cómo satisfacerse mutuamente.

Por último, aprende a diferenciar cuando quieres hacer sentir bien a otra persona de cuando quieres tú sentirte bien. Cuando quieras consentir al otro hazlo a su manera y cuando te quieras consentir a ti, dilo con honestidad, y entonces es el momento de hacerlo a tu manera. No es egoísta pedir que cuiden de ti como lo necesitas, tan sólo es egoísta si sólo quieres que cuiden de ti y tú no quieres hacer lo mismo por los demás.

Un ejercicio que puedes practicar en los próximos días es hacer el esfuerzo y cuidar de tu pareja o ser querido a su forma al 100%. Enfócate en que la otra persona se sienta feliz y complacida a su manera. Cuando lo hagas observa la cara de felicidad y amor en esa persona, entonces tú te contagiarás de esa alegría y en esa ocasión esa será tu satisfacción: ver feliz a la persona que amas y saber que tú eres el causante de esa alegría. Tras hacerlo por 2 o 3 días, observa cómo cambia la dinámica de la relación, ahora vuelve a haber amor en movimiento.

Cuanto más cuidan el uno del otro en la relación, más satisfechos están ambos, más felicidad y amor sienten y más ganas de continuar juntos tendrán.

Cuida de tu pareja desde el amor y no desde el control.

Ábrete a la Vida

Forzar que todo sea exactamente como tú quieres que sea sin sacrificarte nunca, es control..

La competitividad nace de la idea de la limitación de los recursos, de la superioridad. Cada vez que consideras que no hay suficiente para todos, empiezas a competir para asegurar tu supervivencia. Es algo innato en nosotros como seres humanos.

Metafóricamente, miras el campo de tierra y ves que sólo hay un naranjo con 3 naranjas y que hay 10 personas que quieren esas naranjas, así que sientes que debes luchar y competir por ellas. Esto te sucede porque llevas puestas unas "orejeras de burro" que sólo te permiten ver una porción del campo, sólo puedes ver lo que está justo delante tuyo, pero no puedes ver a los laterales. La realidad es que, si te quitaras esas orejeras, descubrirías que estás en el medio de un campo infinito de naranjas, manzanas, peras, etc., y que sólo tienes que ir caminando pacíficamente y sin luchar contra nadie hacia cualquiera de esos árboles llenos de frutas, y alimentarte todo lo que desees.

¿De qué están hechas estas orejeras de burro?

Control, entre otras cosas. Vives queriendo controlar todo. No quieres un trabajo, sino que tiene que ser el trabajo que Tú quieres que sea, en el sitio que Tú quieres y cobrando lo que Tú quieres. No aceptas vivir en cualquier lugar cómodo, sino que quieres vivir donde Tú quieres vivir. No aceptas a tu pareja como es, sino que quieres que sea como Tú quieres que sea. Y así con cada aspecto de tu vida, lo cual te mantiene en un estado constante de insatisfacción y frustración.

Forzar que todo sea exactamente como tú quieres que sea sin sacrificarte nunca, es control. Y porque luego no tienes la casa, pareja, trabajo, dinero tal y como tú los quieres, te convences de que es porque no hay suficiente y empiezas a competir con otras personas que también llevan sus orejeras de burro.

En ocasiones podrás elegir y podrás hacer las cosas a tu gusto y preferencias, pero habrá veces en que deberás aceptar hacer ciertos sacrificios. Si quieres trabajar de lo que te gusta, tienes todo el derecho a ello, debes esforzarte para que así suceda, pero quizás debas aceptar sacrificar el cómo o dónde sucederá.

Decide qué quieres en la vida, quítate las orejeras, quita el control, amplía tu mirada y contempla el campo entero, entonces descubrirás qué áreas del campo son infértiles y debes evitar, y cuáles son fértiles para dirigirte a ellas y cultivar exitosamente.

Competir con otras personas o empresas es luchar contra ellas por tu beneficio propio y cualquier lucha siempre se convierte en causa de sufrimiento. En una lucha o guerra, nunca hay ganadores, todos sufren. Mientras estás en la competición, estás con nervios y estrés por ganar. Luego si pierdes, sufres por perder y si ganas, tu orgullo aumenta y en la próxima competición tienes más estrés y angustia pues tienes que mantener la victoria anterior, y en algún momento vas a perder y sufrirás todo lo acumulado.

En otras ocasiones compites para probar tu superioridad o valía a ti mismo y a los demás. Este querer demostrar lo bueno que eres nace de un vacío interior que pretendes llenar a través de ser mejor que los demás. Ese vacío es el derecho a la vida, quieres convencerte de que tienes derecho a ese trabajo, a esa pareja, a esa casa, a ese ascenso, al éxito. Pero da igual cuánto te esfuerces por tratar de mostrar tu valía porque siempre parece que no es suficiente para tus padres, tu jefe o tu pareja y con frecuencia no logras la validación que buscabas en ellos. No puedes vivir tu vida con base en los demás, ni presionar a tu entorno para que te reconozca. Debes tomar tu poder y tu lugar en la vida, nadie te lo va a dar porque nadie lo tiene. Tu lugar en la vida o lo tomas tú o simplemente está vacío.

No existe un ser humano con más valor o importancia que otro. Nadie tiene más derecho a la vida que tú y tú no tienes más derecho a la vida que nadie. Todos venimos del mismo origen y nuestro proceso biológico es exactamente el mismo, así que todos somos iguales.

Tus estudios, tu preparación, tu cultura, tu dinero, tus acciones, etc., no te hacen mejor que los demás. No hacen que merezcas algo más que los demás, tan solo te hace muy eficiente en un campo determinado, eso es todo, eficiencia o competencia en esos asuntos. Por supuesto tienes derecho a la experiencia que deseas, pero los demás también tienen derecho a sus propias experiencias.

Por ejemplo, si quisiéramos probar el rendimiento y eficiencia de dos teléfonos de diferentes marcas y los ponemos uno al lado de otro a trabajar al máximo, cada teléfono no está mirando al otro para sabotearle, compararse o desprestigiarlo. Cada teléfono está simplemente dando lo máximo que puede dentro de su eficiencia y competencias. De igual forma esa debe ser tu actitud en tu trabajo y en la vida: no compitas contra nadie, en lugar de eso muestra el 100% de tu eficiencia y competencias.

Cuando el Sol sale en las mañanas, no analiza a cada ser humano para ver cuánta cantidad de luz y calor le va a dar a cada uno. El Sol simplemente brilla. Luego algunos salen a tomar y recibir ese sol y otros se esconden bajo una sombrilla quejándose de que no hay sol suficiente y negándose a salir fuera de la sombra, pero el Sol no es el que hace la distinción.

Este Sol es, metafóricamente hablando, las oportunidades de la vida. La vida no distingue entre nadie. La vida crea constantes e infinitas oportunidades exactamente iguales para todo el mundo y algunos las aprovechan, y otros se ocultan en la sombra y en sus orejeras. Tienes que salir de la sombra, aceptar hacer algunos sacrificios, esforzarte, mirar arriba y el Sol y la vida estarán brillando para ti igual que para los demás.

Un ejercicio para identificar tus "sombrillas" es pensar en tus objetivos, deseos y sueños, y con total honestidad contigo mismo, prestar atención a si sientes que mereces y tienes derecho a lograrlo y tenerlo. Verás que hay una parte de ti que tiene dudas y niega la posibilidad, verás todos los pensamientos e ideas de auto-sabotaje que hay en ti. Todo eso es la sombrilla que te mantiene alejado/a de tus objetivos creyendo que tienes que pelear para conseguirlos, e incluso ir en contra de otros.

Ahora que lo has identificado tienes dos responsabilidades: la primera es trabajar en ti para sentir conscientemente dichas resistencias, estudiarlas, analizarlas y comprenderlas para así poder eliminarlas. La segunda es desarrollar la confianza y seguridad en ti y en el derecho a la vida. Medita, repite y contempla "tengo derecho a la vida, tengo derecho a ser feliz" y al hacerlo asegúrate de que no se lo estás diciendo a nadie, no son los demás los que necesitan saberlo, eres tú quien debe aceptarlo y comprenderlo.

Los Gritos

Un grito es sólo música heavy metal *a un volumen muy alto.*

En alguna ocasión estabas hablando con tu pareja sobre la organización de la economía familiar, no estuvieron de acuerdo en algo y la conversación se fue convirtiendo en discusión hasta llegar al "a mí no me grites", "NO TE ESTOY GRITANDO", "SÍ ME ESTÁS GRITANDO", "LA QUE GRITA ERES TÚ ". Y en ese momento, se olvidaron hasta del tema del que hablaban y todo se centró en los gritos y las ofensas.

En otra ocasión te enfadaste con tu jefe porque te llamó la atención y a él no le gritaste porque el miedo a perder tu trabajo fue mayor que el enfado, pero ese deseo se quedó en tu interior. Horas más tarde al llegar a casa explotaste y le gritaste a tu pareja o hijos por cualquier tontería, y en realidad lo que hiciste fue descargar la frustración de tu trabajo con ellos, que nada tenían que ver con el problema.

Cuando alguien te grita, te ofendes y reaccionas. A veces incluso se activa tu miedo y te bloqueas sin saber qué decir o cómo actuar, y en otras ocasiones es tu orgullo el que habla y dice "¡Quien te crees que eres para gritarme!". El primer paso para manejar estas situaciones es darte cuenta de que, por mucho que quieras, no puedes controlar cómo los demás se expresan o hablan. Vives en sociedad, donde cada persona es diferente y no puedes esperar que todo el mundo sea amable, educado y te digan las cosas como tú quieres, porque no va a suceder. Es normal que no te guste que te griten, pero no tienes control ni poder sobre nadie para cambiarlos. Sin embargo, lo que sí puedes hacer es aprender a manejar tu reacción para que, cuando algo así suceda, sepas cómo no tomarlo personalmente y permanecer en paz.

Para ayudarte a entender recuerda la última vez que tú gritaste. Contempla: ¿Elegiste enfadarte y gritar? ¿Fue una decisión consciente?

Y la respuesta es No. Cada vez que te enfadas y gritas no es una elección que haces, sino que algo dentro de ti reacciona, se apodera de ti y explotas sin poder controlarte. Recuerda en cuántas ocasiones en tu mente estás diciéndote "no voy a gritar, no voy a gritar" y "Ahhhhh…" el grito sucedió. Por más que lo intentaste no pudiste contenerte porque no es una elección, sino una reacción automática de tus frustraciones y decepciones internas. En definitiva, no pudiste no gritar.

Pues bien, debes comprender que lo mismo le sucede a los demás, ellos tampoco eligen gritar, tampoco es una elección y aunque quieran contenerse, aún no pueden.
El siguiente paso es prestar atención a cómo te sientes cuando gritas. Probablemente hay frustración, odio, enfado o rabia. Por tanto, podemos afirmar que cuando gritas es porque lo estás pasando mal, ¿cierto? Es precisamente la presión de ese dolor que, al ser tan intensa, provoca que no lo puedas controlar y explotes. Entonces ahora sabes lo que sienten los demás cuando ellos gritan. Al igual que tú, ellos tampoco lo eligen, esa persona está siendo víctima de su ira y dolor. Te gritan porque están sufriendo en ese momento.

Desde este punto de vista, ¿qué tan compasivo es meter el dedo en la herida ajena? Gritar de vuelta es contraatacar a alguien que está sufriendo. Cuando ahora tú le gritas y te grita aún más fuerte, es porque tiene su herida abierta y tú le estás lazando piedras en ella.

Respira.

Es normal que una parte de ti piense "¿me grita y encima debo tenerle compasión?", esto es porque aún te lo estás tomando personalmente. Aún estás considerando que "te grita a ti", por eso necesitamos continuar en el estudio de los gritos.

En estos eventos es tu orgullo lo que reacciona y quiere defenderse, pero gritar de vuelta nunca ha acabado con el problema, de hecho siempre lo empeora, pues incluso pueden decirse cosas e insultos de los que luego se arrepientan. Gritar desde este punto de vista es tratar de imponerse el uno al otro, pero si no tienes razón, gritar más no te la va a dar y si la tienes, no gritar no te la va a quitar.

Si contemplas que nadie elige gritar y que es una reacción ante un dolor emocional interno, entonces puedes entender que nunca TE gritan a ti como tal; sólo gritan porque sufren y sucede que tú estás delante. Incluso si en las palabras o formas parece que sí te están gritando a ti por algo que hiciste o dijiste, sigue siendo su dolor el que les hace gritar. Debes aprender a no tomarlo personalmente cuando suceda y recordar estas lecciones.

Cuando comprendes esto profundamente, puedes cambiar tu percepción y descubrir que ni siquiera gritan, sino que HABLAN MUY MUY ALTO porque se sienten mal y tú eres quien está delante en ese instante.

La próxima vez que un grito suceda, respira profundo y recuerda "no ME está gritando, sólo grita porque está sufriendo y ni siquiera grita, sólo se está expresando en voz muy muy alta y yo sólo estoy delante". No lo dramatices ni personalices. Encuentra qué reacciona en ti cuando eso sucede, observa tu orgullo y toma la decisión de no tomártelo personalmente en ese momento aunque te cueste, piensa también en la persona que está gritando para ponerte en sus zapatos y ver su sufrimiento.

Lo mejor en ese instante, si no pueden controlarse, es aceptar que están alterados y con madurez elegir continuar la conversación cuando se hayan calmado un poco.

Luego sé responsable y si es posible, comunícale a esa persona cuando esté tranquila, cómo te sientes cuando grita. Invítale a que observe su decepción y se haga cargo de ella, que entienda que gritar no le da ni quita razón y que hablar calmadamente siempre da mejores resultados. Que cuando nos alteramos así no pensamos con claridad y no somos objetivos. Si sigue igual, toma cierta distancia si la situación te lo permite, por compasión a ti y para que la persona entienda que esa no es la forma de relacionarse de manera respetuosa y compasiva con los demás. Si no puedes comunicarle tu sentir porque es una persona cerrada o es un caso puntual, y tampoco puedes tomar distancia, entonces al menos ya no te molestará que "hable alto".

Por último, cuando tú seas quien grita, es normal que al principio no recuerdes estas enseñanzas hasta después de haber gritado. Poco a poco te irás dando cuenta con mayor rapidez, hasta que llegue un punto en el cual recordarás esto durante tus gritos. En el mismo momento en que te des cuenta de que vas a explotar, toma una respiración profunda desde tu abdomen, si puedes, cierra los ojos 2 segundos durante esta respiración y te repites "estoy consciente de que estoy consciente, no estoy enfadado sino decepcionado, me rindo" y respira de nuevo profundamente. Este "me rindo" es una forma de decirle a tu cerebro que no vas a iniciar una guerra, no tiene que ver con la persona que tienes delante, ni tampoco con el problema en sí. El rendirte aquí es aceptar que estás sufriendo. Al hacerlo y decir esta frase un par de veces muy probablemente tu deseo de explotar y gritar se calmará. Luego debes hacer tu trabajo de auto-terapia para terminar de solventar tu dolor.

Un grito es solo música *heavy metal* a un volumen muy alto y un insulto sólo es una palabra a la que tú le das la intención e importancia que quieras. Deja de darle el poder de tu estado de ánimo a los demás o a sus palabras.

Proyección vs. Responsabilidad

Eres responsable de todo y culpable de nada.

Si cerca de ti hay un incendio, de forma natural huyes y te alejas del fuego para evitar quemarte. Esto es un reflejo innato para evitar el dolor y garantizar nuestra supervivencia. Estamos programados para huir del dolor de forma natural. Pero tal como lo hacemos en el caso de un fuego o un peligro externo, también lo hacemos en nuestro interior con nuestro malestar, porque es algo innato.

Cada vez que te sientes mal, tratas de huir de ese sufrimiento como si fuese el fuego, yéndote de compras, al cine o tomando alcohol. En otras ocasiones, tratas de huir proyectando y culpando de tu dolor a los demás y a la vida. Y después de varios intentos ves que eso no funciona porque tus pesadillas te persiguen. No es que tu dolor te persiga, lo que sucede es que ese sufrimiento está en tu interior y no importa a donde huyas o a quién quieras culpar, él va contigo porque está en ti.

Todas estas heridas y cicatrices sin sanar crean en tu interior lo que llamamos "potenciales de sufrimiento". Estos potenciales de sufrimiento (tristeza, soledad, ira, decepción, etc.) no están siempre activos, sino que se combinan con todos los demás potenciales positivos (paz, armonía, alegría, consciencia, etc.) y fluyen moviéndose parecido a las lámparas de lava. Cuando un potencial de enfado se calienta entonces se despierta, sube a tu percepción y en ese momento te enfadas. Si no disuelves ese potencial, después de cierto tiempo se enfría y "baja", y se queda ahí dormido hasta que sea despertado de nuevo provocándote un nuevo enfado.

Por otro lado, cuando un potencial de alegría se calienta, es despertado, sube y ahora te sientes alegre y esa alegría permanece hasta que ese potencial se enfría o hasta que un potencial de enfado se calienta y empuja la alegría al fondo. Incluso en algunas ocasiones, diferentes potenciales se mezclan en tu percepción y es cuando ni siquiera sabes cómo te sientes. Tienes una sensación de estar triste, pero al mismo tiempo te sientes alegre, y en tu mente no tiene sentido cómo puedes estar triste y alegre a la vez. Esta es la explicación, cada potencial es diferente y puede ser que ambos estén despiertos en el mismo momento.

La solución no es enfriar los potenciales de sufrimiento, ya que van a volver a despertarse en algún momento. La solución definitiva es eliminarlos de tu interior a través de observarlos y permanecer consciente de ellos hasta que desaparezcan.

¿Qué calienta tus potenciales?
Recuerda cada vez que comes algo especial como una paella o unos chiles en nogada. ¿Te has dado cuenta de que, después del primer mordisco, lo siguiente que hacen todos es compararlo con la última vez y el último lugar donde comieron esa misma comida? Es automático, todos empiezan a decir cuál es más rico y cuál es el mejor sitio donde preparan ese platillo. Esto sucede porque todas las experiencias parecidas que has vivido en tu vida están interconectadas entre sí y cuando revives una de estas situaciones, en tu subconsciente se activa la cadena al completo de esas experiencias. Por tanto, al comer esa paella o chile en nogada, automáticamente despiertas tu cadena de chiles en nogada o de paellas al completo. Eso es lo que hace que, si un día te intoxicaste al comer una comida, no quieras volver a comerla porque nada más verla se despierta la cadena de la indigestión de la última vez.

Supongamos ahora que tienes un complejo por estar gordo, por no ser suficientemente bueno para tus padres, por tu condición sexual o de cualquier otro tipo. Ese complejo es una experiencia dormida en tu interior y en el momento que alguien lo nombra, automáticamente se despierta el recuerdo de cada vez que has sentido ese complejo –igual como sucedió en el ejemplo de la comida– y te sientes ofendido sin elegirlo.

Debido a que ahora estás ofendido, lo siguiente que haces es proyectar ese malestar que estás sintiendo en la otra persona, en el detonante. Debes darte cuenta y entender que lo que te molestó no fue lo que esa persona te dijo, lo que te dolió fueron los potenciales en tu interior que se despertaron y explotaron en tu cara. Y porque lo que despertó esa cadena es la persona que tienes delante de ti, proyectas en esa persona y la culpas de tu malestar, pero la realidad es que ese malestar ya estaba en tu interior dormido. El complejo, que es lo que te hace sufrir, ya está en tu interior.

Esa proyección te lleva a quedarte estancado en "¿Cómo te atreves a decir/hacerme esto a mí?" y en demostrarte a ti y a los demás que esa persona es una mala persona por lo que hizo. Vamos a suponer por un momento que esa persona que te ofendió es una mala persona y nunca debió hacerlo, sentencia hecha. Contempla ¿quién sigue sufriendo aún? Tú. Culpar a los demás de tu malestar no te alivia de él porque tu malestar está en tu interior y tú eres la única persona que lo puede sanar. Culparte a ti de tu malestar tampoco es bueno porque pone presión en ti y te lleva al victimismo. La solución es la responsabilidad. Eres responsable de todo lo que vives y sientes, y culpable de nada.

Esto no quiere decir que haya estado bien lo que te hayan dicho o hecho, quiere decir que al margen de lo sucedido, tú eres el único responsable de sanar tu dolor; nadie lo puede hacer por ti. Sólo encontrarás la solución cuando dejes de proyectar en los demás y decidas tomar responsabilidad al respecto.

Cuando tengas una discusión, te insulten o te ofendan, trata de identificar qué cadena de potenciales se ha despertado en tu interior para que puedas hacerte responsable y eliminar esos potenciales. Recuerda que si algo te afectó, te afectó y no puedes evitarlo, pero sí puedes sanarlo.

Por último, la responsabilidad también implica que, si hay una persona que constantemente te ataca, se burla o no te trata bien, debes expresarle cómo te sientes y si la persona no hace nada al respecto entonces, ¿para qué quieres a una persona así en tu vida? Simplemente aléjate de esa persona por tu propio bienestar. Tu bienestar y felicidad son tu responsabilidad.

Una Conversación Correcta

Para tú divertirte nadie debe sufrir.

Hablar es la principal forma de comunicación e interacción que tenemos en la sociedad, ya bien sea hablar en persona o a través de la tecnología, como redes sociales y teléfonos móviles. Por ello debes observar cuál es tu actitud al hablar y cómo afectas a tu entorno con tus conversaciones.

En el budismo existe el Noble Camino Óctuple que son 8 pasos básicos para un buen comportamiento con nosotros mismos y con los demás. En éste, el tercer paso es conocido como "Conversación correcta". En muchas ocasiones ha sido explicado como no mentir, sin embargo, eso es sólo una parte. Si lo fuésemos a resumir en una frase, una conversación correcta es "aquella forma de comunicarte en la que a través de la compasión siempre evitas causar sufrimiento a todos".

Por ejemplo, imagina que tienes una amiga que nunca se cuida y que se viste con lo primero que encuentra. Entonces un día llega a tu casa vestida con una camisa de flores estampadas color rosa y unos pantalones a rayas naranjas y con la cara exageradamente maquillada, de manera que al verla piensas "¡Que desastre!". Si te burlas o le dices que se ve fatal porque tienes que ser siempre honesta, acabas de destrozar el intento de tu amiga por querer cuidarse y quizás decida volverse a poner su ropa vieja y jamás volver a intentarlo. Por otro lado, si le dices "¡Qué bien te ves!", estás mintiendo y sabes que en la calle se van a reír de ella. Una conversación correcta aquí sería decirle cuánto aprecias que haya decidido cuidarse y cambiar su look, puesto que como amiga es verdad, y entonces invitarla a ir de compras para que puedas recomendarle qué le favorece y qué no. De esta manera no le estás mintiendo, pero tampoco estás destrozando su intento; tu amiga ahora se sentirá apoyada, respetada y le estarás ayudando.

Otro tipo de conversación dañina son los chismes, criticar y burlarse o reírse de los demás: hablar por hablar; criticar sin muchas veces ni siquiera saber si es verdad lo que están diciendo o no; usar humor o chistes basados en ridiculizar u ofender a alguien. Todas estas conversaciones lo único que producen es malestar, malentendidos y sufrimiento a todos los involucrados. Piensa cuántos malentendidos y cuántas amistades se han roto a causa de esto.

No es justo que, para tú entretenerte y divertirte, alguien tenga que sufrir. Hay muchísimas formas de reírse, de disfrutar de la vida y de las amistades, muchos temas de los cuales hablar sin tener que lastimar a nadie. Al igual que no te gusta que te critiquen, que te inventen chismes o que se rían de ti, a nadie le gusta. ¡Simplemente no lo hagas!

Cuando sientes la necesidad de contar algo que no sabes si es verdad o si va a ser útil para alguien, no lo hagas. Cuando te apetezca chismosear, criticar a alguien o mentir, debes respirar profundo y preguntarte: ¿Qué en mí me está empujando a decirlo? Encuentra la emoción que te está presionando. Es ese malestar el que te convence de que debes decirlo y luego te arrepientes. Esa emoción es en muchas ocasiones un vacío o una emoción de soledad y abandono. Respira sintiendo ese malestar y luego busca la forma de llenar ese hueco contigo mismo a través de la meditación, por ejemplo. Una buena meditación para auto-llenarte es respirar y permanecer consciente de tu respiración. Sentir el aire entrando y saliendo de tus pulmones. Puedes hacerlo unos minutos al día o cuando algo en tu interior quiera decir algo que no es apropiado.

Para tener una conversación correcta evita mentir, evita los chismes, las críticas y el humor basado en ridiculizar a los demás. Incluso si sabes alguna realidad sobre alguien, pero te das cuenta de que no va a ser útil, ni ayudará a nadie, no lo digas pues es inútil.

Por otro lado, cuando sepas algo que es verdad y que puede ser beneficioso para los demás, no vayas corriendo a contarlo de cualquier manera, busca el mejor momento y la mejor forma para hacerlo. En ocasiones puede ser que esta conversación lastime a una persona, pero si eres compasivo y estás consciente, ese daño evitará un daño mucho mayor.

Ahora, en el momento en el que vas a comunicarte con los demás, puede suceder que tratas de explicarle algo a alguien y eres súper claro, para ti es obvio, pero la otra persona no te entiende o te malinterpreta. Lo vuelves a intentar y parece que empeora el malentendido y que la otra persona sólo escucha una frase y no todo el contenido.

Esto sucede porque tú tienes una forma de ver la vida, tu propia manera de pensar, de expresarte y de hacer las cosas. Llevas haciéndolo así mucho tiempo y esto hace que una parte de ti esté convencida de que esa es la mejor manera posible puesto que, si supieses de una mejor, la cambiarías. Esto mismo le sucede a cada persona con la que te relacionas. Todos están convencidos de que "su" forma es la ideal y perfecta, pero cada una de esas maneras es diferente a las demás. Esto es lo que provoca que al hablar no se entiendan e incluso se ofendan, porque no están de acuerdo en la manera y forma el uno del otro.

De la misma manera, cada vez que alguien te habla tú no escuchas sus palabras, sino que las pasas por tu filtro personal y las interpretas a tu manera. Pero con frecuencia en esa interpretación hay errores y malentendidos. Piensa cuántas veces tú le das una entonación y una intención a un mensaje o comentario de Facebook, Twitter o WhatsApp molestándote por cómo te lo dicen. Entonces tú contestas y ahora la otra persona hace exactamente lo mismo, le pone su interpretación y terminan enfadados, discutiendo por lo que supuestamente se dijeron, cuando en realidad fue un simple y tonto malentendido debido a esta diferencia de formas.

El problema en la comunicación es que no hablas para que el otro te entienda, sino para decir lo que tú quieres decir. Estás más preocupado en decir lo que quieres decir que en que la otra persona entienda. Es como ponerte a hablar en español con un ruso y pretender que te entienda, así la comunicación es imposible y todos se frustran. Parece lo mismo, sin embargo, son dos cosas totalmente diferentes. Cuando sólo quieres decir lo que tú quieres no consideras la manera de hablar del otro, las palabras que vas a utilizar, su forma de ser etc., simplemente lo dices.

Mientras que cuando tomas en cuenta a la otra persona, ahora usas sus palabras, metáforas, expresiones… entonces la persona entiende a la perfección.

Un buen comunicador es aquella persona que es capaz de adaptarse y hablar como los demás lo necesitan y no como ella desea decir las cosas. Entonces el mensaje es trasmitido y comprendido.

No es únicamente ponerte en los zapatos del otro, sino ahora hablar desde esos zapatos. Adáptate a los demás. Para ello, deja ir el orgullo de tu manera de hacer y decir las cosas, acepta que las otras personas tienen sus formas y también les funcionan bien. Esto no significa que tú vayas a dejar de ser tú mismo, ya que es una adaptación momentánea para una mejor relación y entendimiento, pero tú seguirás siendo tal y como eres.

Algunos buenos *tips* para una buena comunicación son:
- Cuando hables con alguien escucha las palabras que utiliza y trata de conversar devolviéndole las palabras que él o ella usa.
- Trata de entender lo que te quieren decir sin añadir ninguna interpretación personal y pregunta lo que no entiendas.
- Cuando te digan algo que te moleste, antes de ofenderte, pregúntales qué quieren decir y cuál es la intención con la que lo dicen y te ahorrarás muchos enfados.
- No tengas miedo a la comunicación, a sentarse y hablar todo lo que sea necesario, desde una actitud calmada y abierta de mente.
- Si te das cuenta de que has cometido un error pide perdón; eso es humildad y ayudará a que la otra persona se sienta mejor.
- Primero escucha a los demás, luego pide que te escuchen.

¿Cómo Perdonar?

Perdonar no es darle la razón a nadie,
es darte cuenta de que si no perdonas tú sufres.

Piensa en alguien con quien estés enfadado (tu ex, una amiga, tu madre…), ahora piensa cuánto tiempo hace que se enfadaron, semanas, meses, incluso años. Probablemente esa persona ha re-hecho su vida y puede que ni se acuerde de ti o tu nombre y sin embargo, hoy sigues siendo tú quien continúa molesto, y no quieres hablar de ese tema porque se te pone un nudo en el estómago. ¿Hasta cuándo quieres seguir sufriendo por esa situación?

El problema es que crees que si le perdonas le estás dando la razón a la otra persona y crees que entonces perdiste. Crees que perdonar justifica lo que te hicieron, pero no es así. Cuando un conflicto sucede, una cosa es el evento en sí y otra cosa es la emoción o dolor que el evento causó. La Justicia se debe encargar del evento, el Perdón libera el sufrimiento causado.

Perdonar significa entender que durante todo este tiempo has sido tú quien ha estado y continúa sufriendo. No importa si lo que hizo la otra persona estuvo bien o mal, no importa si fue justo o no, mientras no perdones, te sigue afectando.

Una de las experiencias más duras que algunas personas han vivido son maltratos físicos o violaciones. Estos eventos, por la misma intensidad del dolor, se convierten en los más traumáticos y difíciles de perdonar porque se confunde el perdón con justificar lo sucedido. Para poder superar estas experiencias es necesario ampliar y hacer un cambio de percepción para así desdramatizar el evento.

Seguro que alguna vez en tu vida te has dado un golpe en tu canilla con la esquina de una mesa o pateaste una silla con tu pie desnudo. ¿Puedes recordar ese momento? El dolor fue muy intenso, incluso te dejó un morado que duró semanas, pero no te enfadaste con la silla o con la mesa, no permaneciste ofendido con los muebles porque sabes que tan sólo fue un accidente y tiempo después ya ni te acordabas de lo sucedido. Pues bien, si alguna vez alguien te ha golpeado físicamente puedes permanecer traumado en la situación y culpando al agresor durante años, limitando tu vida, tus relaciones de pareja e incluso sexuales… O puedes hacer un gran esfuerzo para cambiar tu percepción y darte cuenta de que no te golpearon, simplemente "te tropezaste" con la mano o el puño de esa persona.

Respira, sé que es duro, pero considéralo por un momento. Incluso hasta puede ser que el golpe con la silla o alguna caída hayan sido más dolorosas que el golpe recibido. Cuando algo así sucede, te quedas estancada/o en que no fue justo y en culpar al agresor, pero el verdadero dolor está en tu interior. No fue justo que sucediera, debes alejarte de esa persona y denunciar a las autoridades pertinentes para evitar que suceda de nuevo a ti o a alguien más. Pero fíjate que, incluso si esa persona es detenida y llevada a prisión, tu dolor y trauma no desaparecen, porque una cosa es la justicia y otra el perdón.

Es por ello que, si quieres superarlo de verdad, debes dejar de buscar culpables o venganza porque eso es mirar en el exterior. Pero ahí no es donde el dolor está. Cambia tu percepción, no te golpearon, te tropezaste y te diste con la mano de alguien. No fue tu culpa tampoco, simplemente sucedió. No culpes al agresor, no te culpes a ti, tan sólo observa el dolor de la situación y elige perdonar.

Este querer buscar culpables y no querer perdonar porque fue muy doloroso es tu orgullo. Cuando alguien te ofende o te lastima, la situación en sí dura un tiempo nada más, luego eres tú quien alarga y extiende el dolor y el trauma. No hay nada que sea imperdonable. Cuando dices "lo que me hizo no tiene perdón" estás eligiendo permanecer en el drama y en el sufrimiento.

Cuando tengas esta sensación, da un primer paso y cambia el "no tiene perdón" por "no puedo perdonar esto" y permanece consciente prestando atención unos minutos al hecho de que es muy duro y difícil para ti perdonar esa situación. No es que no sea posible, es que en este momento no puedes hacerlo. Pero si lo consideras así entonces te darás cuenta al mismo tiempo de cuánto sufres por no perdonar. Esto te llevará al segundo paso: no es que no puedas perdonar, es que no quieres perdonar. Este es el verdadero problema, hay una parte de tu interior que no está dispuesta a perdonar y dejar ir el problema, esta parte es tu orgullo.

Una ofensa o golpe duele un par de días, quizás semanas, pero tu orgullo lastimado puede perdurar años y años. Perdonar es entender que nadie tiene las claves para vivir una vida perfecta, y que cuando nos relacionamos con las demás personas a veces nos lastimamos porque en muchos aspectos somos incompetentes y no sabemos cómo actuar o cómo comportarnos. Todos estamos aprendiendo en la vida y todos hacemos lo mejor que podemos. Cuando eliges perdonar, eliges dejar de sufrir y ayudar al otro a que también aprenda de sus errores. Así ambos pueden evolucionar y mejorar.

Perdonar tampoco significa soportar la inconsciencia repetitiva de los demás. Si alguien constantemente te ofende o te molesta, debes perdonarle para que tú no sufras, pero luego debes ser responsable contigo mismo y hacerle entender a esa persona que frecuentemente te lastima. Si esa persona no cambia su actitud, perdónale y toma distancia. Aléjate no por rencor ni por enfado, sino por respeto y compasión hacia ti. Quizás así finalmente también esa persona se dé cuenta que esa actitud le hace perder a los que ama.

El Perdón es una virtud muy emotiva ya que te recuerda que a veces en la vida tú cometiste errores y alguien sufrió por ello. No lo hiciste adrede, pero sucedió. De igual manera pasa con los demás, en la mayoría de los casos tampoco lo hicieron adrede. Cuando perdonas, si quedaba amor, ahora vuelve a fluir y si ya no lo hay, simplemente persiste un estado de paz, entendimiento y respeto.

Es momento ahora que dejes ir tu orgullo y tu miedo y aceptes perdonar. Es hora de que aceptes liberarte de esa carga que ya lleva demasiado tiempo contigo.

Haz este ejercicio: Respira profundo, acepta que ese problema te está afectando, no luches más en contra. Acepta que estás cansado, que lo quieres resolver y desde esa voluntad de sanar y sentirte bien, piensa en esa persona con la que estás molesto o dolido y repite en tu mente la palabra *Anuja* (significa "perdón" en sánscrito y se pronuncia "anuya"). Mientras tanto, presta atención a tu respiración y de vez en cuando toma una respiración profunda. Hazlo hasta que todo el dolor y ofensa de ese problema haya desaparecido, entonces te habrás liberado de esa carga.

Perdono,
No importa si lo entiendo o no.
Perdono,
No importa si estoy de acuerdo o no.
Perdono,
No importa si estuvo bien o no.
Perdono,
No importa si me gustó o no.
Perdono,
No importa si yo me equivoque o si fuiste tú.
Perdono,
Porque entiendo que todos cometemos errores.
Perdono,
Porque es la clave de la liberación de mi sufrimiento y del tuyo.
Perdono,
Porque el perdón cierra las puertas de mi infierno y abre las del cielo.

Yo perdono ¿y tú?
PERDONA

La Policía

Amo a la policía.

Hace unos 800 años las familias no podían dormir todos al mismo tiempo porque alguien podía meterse a la casa a robar, violar o matarles, así que uno vigilaba toda la noche. Generalmente el padre y el primogénito se turnaban. Hoy hemos avanzado muchísimo y al llegar la noche, cierras la puerta de tu casa y todos duermen tranquilamente ignorando completamente cualquier peligro.

En aquella época, si algo te pasaba no tenías a quien pedir ayuda, estabas solo ante el peligro y eras el único dispuesto a defender a tu familia. Hoy marcas a un teléfono y la policía viene en tu ayuda. Los policías ponen sus vidas en riesgo cada día para que nosotros estemos a salvo, para que podamos ignorar los peligros y seguir con nuestras vidas. Ellos afrontan lo que nosotros no queremos enfrentar.

La policía no quiere fastidiarte, no está en tu contra. Ellos cuidan de todos y si cometes alguna infracción o crimen debes ser responsable y aceptar las consecuencias. Cuando ellos actúan para protegerte y en tu beneficio te encanta, pero cuando tú haces algo malo y ellos protegen a los demás de ti, ahora los odias. Eso no es ser justo, es infantil.

Antes de quejarte de la policía debes preguntarte cuántas malas experiencias has tenido tú directamente con ellos. Si has tenido algún problema, observa cómo la mayoría de las veces fue porque te multaron al saltarte un semáforo o cometer alguna infracción. ¿Fuiste responsable al hacerlo? En ese caso, la policía no estaba yendo en contra tuya sino enseñándote lo que no debes hacer. Ese es su trabajo y tu responsabilidad es pagar la multa, no tratar de evadirla o de persuadirlos de cualquier forma legal o ilegal para que no te la pongan. Si lo haces, en ese momento tú eres el corrupto.

En otras muchas ocasiones tu queja está basada en lo que le paso al amigo de un amigo. ¿Recuerdas jugar al teléfono descompuesto? En ese juego la información se transformaba según iba pasando de boca en boca, exactamente igual que cuando esa tercera persona te cuenta algo que un amigo de un amigo vivió. ¿Qué es más real, lo que tú has vivido por ti mismo o lo que un amigo de un amigo diga? Debes ser objetivo y basarte en las experiencias en primera persona. Si has tenido una mala experiencia donde hicieron algo inapropiado, no generalices en todos y luego busca la forma de denunciar para que haya justicia.

¿Significa esto que la policía actual es perfecta? No, no lo es, puede mejorar mucho, pero tampoco es cierto decir que no hacen nada bien o que todos son corruptos, malos y que lo único que quieren es fastidiar a las personas.

Es común ponerse a la defensiva cuando un policía se acerca, o incluso los llegan a insultar. ¿Te has parado a pensar la cantidad de gente que los odia? Los criminales les odian. Los que no cometen delitos también les odian porque representan autoridad y tienen miedo de que les llamen la atención, así que todo el mundo les odia. Seguro que alguna vez has estado con alguien a quien le caes mal y sabes lo incómodo que es. ¿Puedes imaginarte el estrés que soporta un policía, siempre recibiendo insultos por parte de todo el mundo, nadie valorando su trabajo y aun así jugándose la vida por aquellos que los insultan?

Debes cambiar tu percepción y actitud. En lugar de proyectar odio darles apoyo, verlos con compasión y comprensión. Debes aceptar la autoridad que representan, no como superioridad sino como los que mantienen el equilibrio y nos protegen. Cuando te cruzas con ellos en carretera cédeles el paso, entiendas o no porque llevan la sirena puesta o a donde van. No es asunto tuyo y muy probablemente vayan a ayudar a alguien que lo necesita. Ese alguien un día puedes ser tú o tu familia y querrás que llegue la ayuda lo más rápido posible.

Si te paran y te preguntan algo no te pongas a la defensiva, no contrataques, simplemente contéstales, su trabajo es investigar. Ellos no te conocen así que es normal que duden de ti, no te lo tomes personalmente. Si no has hecho nada malo, no hay nada que esconder, di la verdad y todo estará bien. Colabora con ellos.

Respeta a la policía y aún más importante, enseña a los niños y adolescentes la importancia del papel que cumplen en la sociedad para que ellos también puedan crecer en ese respeto hacia la autoridad. Tener una mejor policía es un trabajo en equipo, ellos deben mejorar y nosotros debemos valorarlos, agradecer su presencia y respetar sus indicaciones.

Si cambias tu actitud respecto a ellos sucederá que al verlos te sentirás protegido, resguardado y bendecido porque alguien que no te conoce se preocupa por tu seguridad y la de los tuyos. Entonces cada vez que oigas una sirena, en lugar de molestarte por el ruido, te sentirás tranquilo porque sabes que ahí están, los necesites o no.

Amo a la policía.

Días especiales en el calendario

Cualquier día es un buen día para amar,
disfrutar, ser feliz y cuidar de los tuyos.

El calendario está lleno de días especiales como San Valentín, Nochebuena, fin de año, aniversarios, cumpleaños, etcétera, son días de celebración. Sin embargo, en muchas ocasiones éstos se convierten en discusiones y problemas. Cada vez que te sientes mal por no celebrar como esperabas alguna de estas fechas, estás permitiendo que un día tenga poder sobre ti.

Por ejemplo San Valentín, el 14 de febrero, es el día del "Amor y la Amistad"… y de los corazones rotos. Algunos celebran el día con regalos y cenas especiales con sus parejas, otras parejas discuten porque uno se olvidó del día, otros discuten porque uno de ellos tiene que trabajar y otros muchos sufren porque no tienen pareja. ¿Cómo puede un día afectarte tanto?

¿Qué hace al 14 de febrero, el 24 de diciembre o tu cumpleaños, un día especial?

Amanece a la misma hora, oscurece a la misma hora, el planeta gira igual que los demás días. Tu rutina de trabajo será la misma probablemente y tu perro o gato se comportan exactamente igual, salvo por los corazones rojos o los adornos de navidad que invaden las ciudades, no hay ninguna diferencia con ningún otro día.

¿Acaso ese día amas más a tus seres queridos? No, los amas exactamente igual, sólo que ese día prestas más atención a estas emociones.

No hay un día en el que cumplas años, no pasas de tener 41 a 42 el día exacto de tu cumpleaños, es algo continuo que sucede a lo largo de todo el año y el día de tu cumpleaños es simplemente cuando el número cambia.

Cada vez que consideras un día del año especial, bonito y romántico, estás afirmando que todos los demás días no pueden serlo. Esto quiere decir que no tienes la libertad para decidir por ti mismo cómo hacer un día especial, sino que tienes que esperar a que la vida lo haga por ti en esas fechas especiales.

Entonces, ¿qué tanto estás a cargo de tu vida si un día del calendario te hace sentir tan mal y te dice lo que tienes que hacer?

El verdadero motivo para celebrar cualquiera de estos días especiales debería ser la celebración de que estás vivo, la gratitud hacia tus padres y seres queridos, el disfrute del amor y la amistad, pero de nuevo, ¿por qué limitarte a hacerlo sólo ese día del calendario y no el año al completo o cuando tú decidas hacerlo?

No deberías esperar un día en concreto para expresar tu amor, cariño y gratitud, sino asegurarte de que tus seres queridos lo sientan constantemente y cuidar de ellos todo el año.

Si un día en el calendario te hace sufrir, la solución es quitarle lo importante y especial a ese día, porque ninguno es más especial que otro. Tú tienes el poder en ti de decidir qué momento/s de tu vida son especiales y cuáles no, cuándo celebrar y cuándo no. ¡Toma las riendas de tu vida!

Si todos los días del año son iguales y cualquier día es bueno para cuidar a tus seres amados y celebrar, entonces el 14 de febrero, navidad, los cumpleaños, también lo son. Celebra estos días si puedes y te apetece, pero no porque tengas que hacerlo. Quítale importancia a los días especiales y simplemente disfruta y celebra la vida cada vez que te sea posible.

Por último recuerda que, si no quieres celebrar alguna de estas fechas, no tienes por qué hacerlo, eres libre. Nadie, ni siquiera tu familia ni ningún sistema o compromiso social tienen poder sobre ti. Si una fecha te provoca nostalgia o tristeza, elimina esa idea de que es un día especial.

Recuerda: para los perros y las plantas es simplemente un día más, normal y corriente.

Satisfacción en la Vida

Mi vida es simple, soy feliz.

La palabra *satisfacer* significa "saciar una pasión o necesidad". La satisfacción no tiene que ver con la experiencia de Alegría sino con la experiencia de no-sufrimiento, lo cual es completamente diferente. Una cosa es hacer algo por Alegría y otra cosa es hacerlo para dejar de sufrir. Por ejemplo, una cosa es buscar pareja porque quieres vivir la experiencia del amor y otra cosa es buscarla porque duele demasiado estar solo.

La necesidad de la satisfacción nace del sufrimiento por una carencia. Es esta carencia o ausencia la que te hace sufrir y sentir insatisfacción en diferentes aspectos de tu vida y lo que te lleva a sentir que tienes necesidades. Esta es la razón por la que esperas sentirte satisfecho cuando te aumenten el salario, cuando tengas la casa de tus sueños, cuando tengas pareja, cuando tengas hijos, etc. No importa si lo logras o no, la satisfacción no termina de llegar en la mayoría de los casos, y en otros, dura unos pocos días o semanas.

En ese momento lo que haces es buscar nuevas metas y objetivos para saciar esa necesidad acabando en un ciclo sin fin. Es así como nace la Avaricia.

La solución no es crear nuevas metas cada vez que te sientas insatisfecho sino llegar al origen, en tu interior, de esa carencia o ausencia para poder disolver la causa. Una enfermedad no hay que esconderla sino estudiarla, analizarla y sanarla. Es entonces cuando puedes diferenciar si tu deseo nace de la alegría y de querer mejorar en la vida, o de la avaricia.

Tómate un minuto y honestamente piensa en algo que necesites, permítete ser libre, incluso materialista en este momento, lo único que importa es que pienses en esas cosas que necesitas. ¿Lo tienes?

Pues bien, eso que pensaste, la realidad es que no lo necesitas, porque si fuese una necesidad como tal ahora estarías muerto por no tenerlo. Así que no es una necesidad sino un deseo. Verás que al darte cuenta de que no lo necesitas sientes un nudo en el estómago, ese es el malestar que te empuja a la avaricia y te hace sentir insatisfecho. Lo único que necesitas verdaderamente en tu vida es comida, ropa, un techo bajo el que cobijarte y respirar. Fíjate que todas tus necesidades en este momento están cubiertas. En este preciso momento sólo necesitas respirar, así que respira profundo ahora dándote cuenta de que verdaderamente tienes todo lo que necesitas.

Entonces, ¿qué tan difícil es la vida? ¡Sólo tienes que respirar!

La verdadera satisfacción nace de regresar a la simplicidad y ésta es la que te permite abrirte a la gratitud. El agradecimiento porque en este mismo momento no te falta nada para sobrevivir. El resto son lujos y extras, pero lo básico y fundamental ya lo tienes.

Respira profundo y permítete sentir esta emoción de satisfacción y plenitud. Si la aceptas, te darás cuenta de que estás protegido, como envuelto o sostenido, igual que cuando de pequeño tu madre te sostenía en sus brazos y te cuidaba. Esta experiencia de protección y cuidado es conocida en casi todas las religiones como la Madre Divina que nos protege.

Puede ser que en tu interior algo no esté de acuerdo y diga que esto no es suficiente, ese es el problema a sanar, esa es la avaricia que de hecho te impide crear y lograr tus metas y objetivos.

Supongamos que tienes una amiga a la que le haces varios regalos, pero nunca te da las gracias y siempre es despectiva. Después de cierto tiempo, ¿te seguiría apeteciendo darle un regalo? Muy probablemente no. Sin embargo, si otra amiga ante cada regalo, por pequeño o insignificante que sea, se ilusiona, te sonríe y te da las gracias, entonces vas a querer seguir cuidando de ella, ¿cierto?

De igual forma si a la vida le dices a través de tus acciones, pensamientos y emociones "no es suficiente, no me gusta, quiero más", metafóricamente hablando, la naturaleza decide no darte nada más, es lo que llamamos Karma. Pero si vives en un constante estado de agradecimiento, simplicidad y satisfacción, sabiendo y sintiendo que no necesitas nada más de lo que ya tienes, que todo lo demás es un extra que estará fantástico tanto si sucede como si no, entonces la naturaleza dice "aquí tienes un poco más y un poco más aún". Ahora tu vida empezará a mejorar exponencialmente.

La avaricia es la enfermedad. La gratitud, la satisfacción y el sentirte cuidado y protegido en los brazos de la Madre Divina son la medicina. Siente y expresa gratitud.

Para desarrollar la gratitud y satisfacción te recomiendo la siguiente meditación:

Krutaña Ayata MajaShakti (se pronuncia tal cual está escrito) significa "Gracias por la sobre abundancia que ya tengo gran Madre". Toma unos 5-10 minutos al día repitiendo este mantra cada pocos segundos en tu mente, mientras contemplas y recuerdas que tienes todo lo que necesitas para estar vivo, sintiendo satisfacción y gratitud por tu vida tal y como es.

Luego ve y trabaja duro, esfuérzate por conseguir tus metas y objetivos, pero no desde la avaricia sino desde el deseo de evolucionar, de ser mejor, desde la gratitud y verás como irás logrando tus objetivos.

Krutaña Ayata MajaShakti

¿Te atreves a ser un Santo?

Tu actitud y comportamiento pueden marcar una diferencia en la humanidad, si lo deseas.

La sociedad no está preparada para tener Santos, sin embargo, la humanidad necesita de ellos. ¿Te atreves a ser uno?

¿Qué es ser un Santo? Depende de la definición que cada uno le dé a esa palabra. Aquí usamos la explicación utilizada más comúnmente en muchas tradiciones como el Catolicismo, Hinduismo, Budismo y Kabbalah.

Un Santo es una persona virtuosa. Alguien que a través de su práctica espiritual (sea cual sea su camino), logra desarrollar las virtudes hasta el punto en que se convierte en esas virtudes. Virtud ya no es lo que hace, sino lo que es.

Estas virtudes son comportamientos y estados del ser que llevan al fin del sufrimiento propio y ajeno, como son: Perdón, Compasión, Paz, Gratitud, Esperanza, Fe, Humildad, Justicia, Caridad, Prudencia, etc.

Un Santo es un servidor de Dios/Amitabha/Brahma... y eso no quiere decir que un santo deba dejar su trabajo y dedicarse a orar. Algunos lo hacen y está bien, pero también necesitamos "santos espías" que se infiltren en las empresas, en la sociedad, en los hospitales, en la política, entre los ricos y entre los pobres, entre los sanos y los enfermos, entre tu propia familia. Y desde dentro, ellos pueden irradiar e inspirar esos comportamientos virtuosos, generando un efecto mariposa tremendamente profundo en la humanidad al completo.

Un Santo es una persona que lleva Paz donde aparentemente hay conflictos; que nunca duda en Perdonar a todos incluso a aquellos que no saben perdonar; que siente Compasión hacia los que no tienen compasión; que Ama a los que no saben amar; alguien que tiene más Fe que orgullo; que tiene más Esperanza que avaricia; que es Justo en lugar de envidioso.

Un Santo es aquel que incluso teniendo delante y siendo atacado por su peor enemigo, su mirada, sus palabras y sus acciones sólo sostienen y expresan compasión, perdón, paz y amor. Eso es un Santo.

Así que de nuevo, ¿te atreves a ser un Santo?

Si tu respuesta es sí, no esperes a ser un Santo para actuar como uno. Empieza hoy mismo. Perdona a tus semejantes y a tus enemigos. Ama al prójimo. Promueve la Paz en lugar de los conflictos, siente Gratitud por la vida tal y como es en este mismo momento. Entonces estarás recorriendo el Camino Santo.

Y si tu respuesta es no, eres amado igualmente.

Interludio: Las 4 Nobles Verdades

(1) En la vida hay sufrimiento. Es inevitable, debes aceptar que a veces sufres. Este es el primer paso para poder entonces (2) entender el origen de tu dolor. Una vez que conoces el origen del sufrimiento, estás listo para (3) recorrer el camino hacia la liberación del mismo. Ten fe y esperanza, recórrelo para que puedas finalmente descubrir que el sufrimiento desapareció, (4) no hay sufrimiento.

Parte 2: Ahamkara

Ahamkara *significa en sánscrito "ego" y hace referencia a tu individualidad y a tus acciones como ser individual. Esta segunda parte está enfocada a entenderte a ti mismo y cómo funciona tu ego. Es el momento del autodescubrimiento.*

¿Qué es el ego?

*Tu ego y tú son lo mismo. No luches contra él,
conviértelo en tu mejor amigo.*

Ego es una palabra en latín que quiere decir "Yo". Desde muchos puntos de vista, se ha definido como una parte de nosotros como seres humanos, a la que se le atribuyen todas nuestras reacciones negativas y nuestro sufrimiento. Con base en esto, muchos contemplan que debemos acabar con el ego y destruirlo para liberarnos. Pero esto es un malentendido de lo que es el ego y de cómo funciona, y esta confusión en ocasiones puede llevar al auto-odio.

El ego es innato no sólo en el ser humano, sino que cualquier forma de vida (animales, plantas, etc.) tiene ego, pues el ego es lo que da la individualidad. No puedes separar al ego de ti o de esa forma de vida porque no son dos cosas diferentes, tú eres tu ego y tu ego eres tú.

En prácticamente todas las religiones y filosofías se contempla, en resumen, cómo una luz, energía o consciencia universal se fue densificando hasta el punto de hacerse individual, convirtiéndose en el alma (Ser superior o Yo Soy) y permitiendo así la encarnación en un cuerpo humano. El ego es precisamente el mecanismo que permite a esa consciencia, que aún es universal, convertirse en un ser individual que llamamos "Yo". De ahí que los insectos, plantas y animales tengan también una forma de ego, ya que es lo que permite su tangibilidad. Por supuesto luego el comportamiento de este ego varía en cada forma de vida dependiendo de diferentes factores que ahora no son importantes.

Así que el ego es realmente lo que nos permite estar aquí, encarnados en el cuerpo viviendo la vida que vivimos. Es lo que nos mantiene vivos y lo que nos protege.

De forma metafórica, tu ego es como el antivirus de tu computadora. El objetivo del antivirus es asegurarse que nada ataque, infecte o destruya tu ordenador. Ahora por un momento imagina que el antivirus se sale de control y él empieza a controlar qué programas ejecutar, qué archivos abrir y qué borrar, eso es realmente problemático. La solución no es quitar el antivirus porque sabes que lo necesitas; la solución es "educar" al antivirus para que entienda que su trabajo es sólo proteger y que tú como consciencia permaneces a cargo.

No puedes acabar con tu ego por más que quieras. Cuando oyes a alguien decir "yo no tengo ego" de hecho ¡es su ego hablando! Ninguno de los grandes maestros de la historia como Buda, Jesús, Krishna, Melkitzedeq, Maha Vajra, etcétera, afirmó estar libre de ego. En lugar de eso, todos afirmaban y enseñaban que tenemos que entenderlo, educarlo y convertirlo en nuestro mejor amigo y aliado. Aun así, permanece a cargo de ti mismo no como ego, sino como Alma o Consciencia elevada que también eres.

¿Cómo educas a tu ego?

Para educar a un perro cachorro lo que sueles hacer es darle una galleta cuando hace pipí en el periódico y castigarlo cuando lo hace en el sofá. Después de varias veces, finalmente el perro lo entiende y prefiere hacer pipí en el periódico para recibir la galleta y evitar el castigo. Tu ego no es inteligente por sí mismo, es muy animal e instintivo. Solamente entiende de causa y efecto, como las mascotas.

Entonces contempla esto: si un día estás triste o deprimido y decides comer chocolate porque te sientes mal, después de hacerlo muchas veces, ¿qué crees que hará tu ego cuando le apetezca chocolate? Exacto, provocarte una depresión porque sabe que esa es la forma de conseguirlo. Cada vez que te vas de compras, que comes chocolate o te tomas una cerveza porque te sientes mal, en primer lugar, eso no resuelve tu malestar y, en segundo lugar, estás premiando a tu ego por ese sufrimiento y diciéndole "muy bien hecho, sigue haciéndolo".

La próxima vez que te sientas mal no vayas corriendo por el premio directamente, no te lo mereces, no te lo has ganado aún. En lugar de eso, haz este ejercicio y tómate al menos unos minutos para meditar, rezar, hacer terapia, o cualquier práctica espiritual, aunque sea sólo 3-5 minutos. Y justo al terminar esta práctica espiritual, tomas el premio y te dices a ti mismo en voz alta: "Este chocolate no es por la depresión, sino por la meditación y terapia que acabamos de hacer, muy bien hecho" y entonces te lo comes. Parecerá absurdo, pero realmente funciona porque en el momento en que lo declaras tu ego relaciona el premio con tu práctica espiritual y no con la depresión o malestar. Hazlo muchas veces y verás como de repente tu ego te va a estar diciendo "medita, reza, ¡haz algo espiritual por favor!".

Con este sencillo ejercicio estarás convirtiendo al ego en tu mejor amigo y éste, en lugar de tratar de sabotearte e impedir tu evolución en la vida y espiritualidad, te ayudará a lograr todas tus metas cualesquiera que sean.

Odia a tu ego y te estarás odiando a ti.
Ama a tu ego y te estarás amando.
Tú eres tu ego.

Adiós a los ataques de ira

No estás enfadado, estás decepcionado.

La ira, corajes y enfados son algo habitual en la vida cotidiana, suceden debido al estrés y las preocupaciones. Sentir ese malestar es desagradable y con frecuencia no sabes qué hacer. Para poder disolverlo debes entonces estudiar qué lo provoca y cómo funciona.

La ira es la acumulación de frustraciones, enfados, corajes y decepciones en nuestro interior que, por no saber manejarlos, se van uniendo unos con otros hasta que es demasiado grande y te gana.

Es como una bomba de relojería, toda esa presión está en tu interior hasta que alguien presiona el botón y es detonada. El problema está en que cada vez que explota salpicas a tu entorno, lastimando a las demás personas, y luego te sientes culpable y arrepentido. Por otro lado, si en lugar de proyectarla en el exterior tomas la decisión de reprimirla para no lastimar a nadie, entonces te lastimas a ti mismo golpeando mesas, paredes, o por la presión interna generas insatisfacción, apatía por la vida y, según se hace más grande, termina generando enfermedades como infartos o cáncer.

Si la proyectas fuera lastimas a los demás, si te la quedas dentro te lastimas a ti. ¿Qué hacer entonces? La solución más obvia es no enfadarse, sin embargo, esto no es una decisión que podamos tomar, o al menos no por el momento. Recuerda que cada vez que te enfadas no lo eliges. Tú no decides enfadarte con tus hijos, pareja, en el trabajo o con el coche que se te cruzó, sucede por la presión que hay en tu interior. Cuanto más trabajo de crecimiento personal y espiritualidad hagas, más tendrás la posibilidad de no enfadarte. Mientras tanto, aprende algunos consejos para que puedas eliminar esa ira sin lastimar a nadie, ni siquiera a ti.

En algunas terapias te recomiendan gritar estando a solas o golpear una almohada para liberar esa rabia. Dar 2 o 3 buenos gritos (sin lastimar tu garganta) en tu habitación o despacho a solas, con música alta para no molestar a los demás, o dar dos o tres golpes a una almohada (algo blando para no lastimarte) te va a ayudar ciertamente. Pero debes recordar que es una bomba, lo que quiere decir que una vez que explotó, ya explotó. No debes permanecer gritando o golpeando la almohada por más de 1 minuto, porque a partir de ahí sólo es drama y, lejos de ayudarte, te está llevando a permanecer en ese malestar y drama de la vida.

Una vez que has detonado la bomba de forma controlada, date cuenta de que estás proyectando esa rabia e ira en alguna persona, situación o en la vida; estás culpando al exterior. Pero esa persona en la que proyectas es sólo la última gota que colmó el vaso. Tu ira está en tu interior no fuera, eres tú quien la siente y eres tú quien puede y debe resolverla. Nadie te va a aliviar el enfado. Por tanto, respira profundo y acepta hacerte cargo de ese enfado dejando a un lado ahora a las personas involucradas.

El siguiente paso es prestar atención a ese enfado o ira y darte cuenta de que lo que hay detrás es decepción. Acepta que esa situación o persona te decepcionó. Respira y siéntelo. No estás enfadado, estás decepcionado. Respira. Te decepciona que te mientan, engañen, traicionen, te lleven la contraria o no hagan las cosas como tú quieres.

Detrás de todos los enfados y ataques de ira tan solo hay una decepción. Acepta esa decepción y verás que el enfado e ira se disuelven. Es así como en lugar de detonar la bomba la desarmas sin ninguna explosión, por tanto, sin ningún daño.

Sentirse decepcionado es mucho más sano que la ira y cuando lo aceptas ya estás en el camino de la recuperación. Ahora, para disolver la decepción tienes que dejar ir las expectativas que creas constantemente en tu vida. Nadie puede hacer las cosas como tú las haces porque tú eres único, y debes entender y aceptar que cada persona tiene su punto de vista de la vida y su forma de hacer las cosas que pueden ser diferentes a los tuyos, pero no necesariamente erróneos. Deja de poner tus expectativas en los demás, nadie ha sido creado para satisfacerte ni para estar a tu servicio, al igual que tú no estás aquí al servicio de nadie. Todos colaboramos con todos de la mejor manera que podemos y sabemos.

Cuando finalmente dejas ir tu ira y tus expectativas entonces la alegría puede surgir. Hay una cosa en común entre la alegría y la ira: la energía es la misma. Si te fijas, la ira explota exactamente igual que una carcajada de risa, una explosión de alegría o la satisfacción de un orgasmo. Observa que en ocasiones te enfadaste e inmediatamente te reíste de lo sucedido. La diferencia entre la ira y la alegría es que en la ira no hay consciencia y en la alegría sí.

La próxima vez que sientas ira o enfado, recuerda: no estás enfadado sino decepcionado. Luego permanece consciente de esa decepción y expectativas. Finalmente contempla la palabra *Sukhi* (significa "alegría") y verás como esa ira es trasformada por la Felicidad. Medita diariamente en *Sukhi* y tu alegría interna aumentará exponencialmente necesitando cada vez menos del exterior.

Autoestima

Soy como soy y está bien así.

Auto significa "hacia uno mismo" y *estima* significa "apreciar o valorar". Por tanto, autoestima es la valoración de uno mismo, es como te autopercibes. En realidad, no tiene que ver con lo que los demás piensen o digan de ti, sino con aquello que tú opinas de ti mismo/a, por eso lleva el prefijo *auto*.

La diferencia entre tener una alta o baja autoestima depende del cristal con el que cada uno se mire. Aquellas personas que se miran a sí mismas y sólo ven sus defectos, las cosas que hacen mal, sus errores, sus inseguridades etc., sienten que no tienen autoestima. Es común que una persona así nunca preste atención a todos los aspectos de su vida que domina y hace bien, los niega por completo, e incluso cuando alguien cercano se los remarca, les quita importancia como si fuesen pequeñeces. La baja autoestima está muy vinculada con ser pesimista.

Recuerda por ejemplo alguna vez en la que un amigo te llevó a una tienda que tú no conocías y te encantó. Antes de ese día no sabías de la existencia de esa marca, pero a partir de ese momento te diste cuenta de que un montón de amigos la usaban y que incluso en la calle por la que siempre caminas había una o dos tiendas de esa marca que jamás habías visto. Esa tienda siempre estuvo ahí, simplemente no la veías porque no entraba en tu campo de percepción, hasta que alguien te la presentó. Funcionas de esta manera en todos los aspectos de la vida, sólo percibes y ves aquello que está dentro de tu campo de percepción físico, pero también mental y emocional.

Ser pesimista es sólo mirar lo negativo de la vida, por ejemplo, una persona negativa ve a un carro saltarse un semáforo y se enfada y molesta por lo mal que conduce la gente, pero no ve los 100 coches previos que no se saltaron el alto, porque no entran en su campo de percepción. Los pesimistas viven la vida desde el infierno pues todo es dolor y sufrimiento, pero la realidad es que son ellos los que están negando la otra parte de la historia. De igual manera, la baja autoestima es ser pesimista pero ahora contigo mismo, es sólo mirar lo negativo de ti y negar la otra parte.

Cuando crees que no tienes autoestima intentas sobre-compensarlo yéndote al otro extremo, la llamada alta autoestima. Ésta consiste en justo lo contrario: negar por completo tus defectos, tus carencias y mirar sólo lo bueno en ti, las cosas que se te dan bien y todas tus buenas aptitudes y capacidades. Y cuando algo negativo tuyo sale a relucir, miras inmediatamente a un aspecto bueno para compensarlo. Es orientar tu campo de percepción sólo en lo bonito de ti, por tanto, auto-forzarte a ser optimista.

Si el pesimista niega los coches que respetan el semáforo, el optimista niega los coches que se lo saltan. Por tanto, este exceso de positivismo hace que vivas en las nubes sin tener los pies en la tierra y sin poder resolver las dificultades y problemas que afrontas. Además, esta supuesta alta autoestima es tremendamente fácil de romper; sólo necesitas que alguien te muestre tus carencias y defectos para que tu autoestima se destroce por completo, y tendrás que volver a construirla de nuevo.

Como ves, ambos extremos tarde o temprano te van a hacer sufrir ¿Qué podemos hacer entonces?

Una gran solución es eliminar la autoestima de la ecuación, dejar de considerar si la tienes o no, pues ahora sabes que es sólo la manera en la que te percibes. Para poder hacerlo, tienes que aceptar que en tu vida hay algunos aspectos y ámbitos que se te dan muy bien y otros no tanto. Esto es normal, no hay nada malo en ello, a todos nos pasa. Por ejemplo, si se te dan mal las matemáticas, conducir, hablar en público o lo que sea, no significa que seas mala persona o un completo incompetente, sólo significa que ese aspecto de la vida no se te da y sólo eres incompetente en ese aspecto, pero no como ser humano. No te permitas juzgar la totalidad de tu ser sólo desde tus limitaciones. Tampoco te permitas sentir vergüenza por ellas, ya que todos las tenemos. Un experto en matemáticas se podrá reír de ti porque tardas en calcular una propina, pero luego quizás él no sabe nada de arte, moda o música y tú sí. Todas las personas juzgan a los demás desde lo que ellos sí saben y dan por hecho que todos deberían saber, pero al mismo tiempo ellos tienen sus propias limitaciones, inaptitudes e inseguridades en otros campos.

Si agarras una botella de agua y le gritas "¡jugo de naranja!", ¿el agua se convirtió en jugo? No, el agua permanece siempre como agua sin importar lo que le digan. Igualmente, que alguien te llame incompetente o tonto no te convierte en ello y esto incluye cuando tú eres el que te llamas así a ti mismo. Tu opinión de ti tampoco cambia la realidad de lo que eres.

Entonces aprende a ser objetivo contigo mismo, mira todos los aspectos de tu vida y acepta con naturalidad aquellos que se te dan bien, así como aquellos que se te dan mal. No exageres ni unos ni otros, sé objetivo y verás que confías en ti en muchos más aspectos de los que no. Es posible que te cueste comenzar a ver los positivos mientras tu mente está en los negativos, pero ten fuerza de voluntad y oblígate. Incluso puedes pedir ayuda a algún amigo, no para que te adule, sino para que te ayude a abrir tu campo de visión de ti mismo/a, para que te presente esa tienda de ti que aún no conoces. Luego, contemplando ambos aspectos, puedes respirar profundo y repetirte en voz alta "me acepto tal cual soy, confío en mí". Hazlo unos 5 minutos diarios hasta que hayas desarrollado esa auto-confianza.

Así es como desarrollarás una gran confianza en ti, mirándote por completo, disfrutando de cada cosa que haces bien y aceptando esforzarte con naturalidad y simplicidad para mejorar en aquellos aspectos que no dominas, sin ser duro contigo.

No desarrolles autoestima, elimínala de tu mente y de tus conceptos y, en lugar de eso, desarrolla confianza y honestidad pura contigo mismo. Esta confianza es ahora inquebrantable porque está basada en la verdad de la totalidad de lo que eres.

Recuerda siempre que eres el agua y no lo que nadie, tú incluido, diga del agua.

Ama tu cuerpo

No te hagas a ti mismo lo que no harías a los demás.
Me amo tal y como soy.

Los cánones de belleza cambian constantemente con el tiempo. Aparentemente estos cambios tienen que ver con tendencias, sin embargo, la moda y la concepción de belleza están totalmente ligadas a la supervivencia de la humanidad como especie. Por ejemplo, entre los años 1400 y 1500, las mujeres obesas eran tendencia, ser "gorda" era bello. ¿Por qué? En aquella época había hambruna, las personas comían lo que podían para sobrevivir, así que estar gordo significaba que no sólo tenías suficiente para sobrevivir, sino que además te sobraba para comer comida de lujo o en abundancia. Era sinónimo de riqueza y bienestar por tanto se hacía atractivo, era bonito. En aquel entonces, la gente no se preocupaba por alargar la esperanza de vida, sino por sobrevivir un día más.

Hoy en la mayoría de los países no hay hambruna y hasta elegimos qué comer y cuánto. Ahora no nos preocupa sobrevivir al presente día, sino expandir la esperanza de vida y tener la mayor salud posible en la vejez. Por eso ahora tener exceso de grasa se convirtió en algo "feo", porque ese exceso puede acortar tu vida o empeorar tu salud y confort en la vejez. El ser humano y por tanto la sociedad tienen un instinto innato de supervivencia, lo que hace poner de moda todas las características que vayan a asegurar nuestra existencia. Al convertirse en tendencia provoca que todos quieran estar a la moda, empujando a las personas hacia la supervivencia y a una mejor salud.

Esto nos ayuda a expandir la percepción de belleza, pero sobre todo es útil para liberarnos de algunas presiones. La inmensa mayoría de las personas no están conformes con su cuerpo, no importa si son modelos, si están en forma, o si están obesos, la realidad es que no aceptan su cuerpo o algunas partes de él.

Seguro que tienes alguna amiga que en tu opinión tiene buen cuerpo y está continuamente quejándose inconforme, a pesar de verse bien. Quizás ¡tú eres esa persona quejándose!

Tratar de aparentar o convencerte de que no te interesan esos cánones no funciona porque te sigues sintiendo igualmente culpable al verte en el espejo y saber que no encajas. La solución es aprender a amarte tal y como eres.

Para ello, observa conscientemente ese odio y auto-rechazo mientras respiras, hasta que puedas entender y sentir que no elegiste el color de tus ojos, tu altura, la forma de tu nariz, el tamaño de tus pechos o genitales. Tu metabolismo es con tendencia a engordar o a adelgazar. Comprende que nada de eso fue tu elección. Entonces no has hecho nada malo, no fue tu decisión, simplemente sucedió así. No has hecho nada malo. Llevas demasiado tiempo luchando contra tu propia naturaleza y sufriendo por cómo te ves, ¿acaso no estás cansado ya? Deja de ser duro contigo, deja de castigarte. Tu cuerpo es perfecto tal y como es.

Cada vez que te quejas de tu apariencia, cada vez que te rechazas por cómo te ves, estás lastimándote, estás haciéndote daño a ti misma/o. Tu cuerpo se siente rechazado y literalmente se empieza a deprimir porque sólo recibe negatividad y odio. Nunca se te ocurriría acercarte a una persona y durante 15 minutos insultarla diciéndole qué tan fea o gorda se ve, ¿cierto? No lo harías porque sabes que lastimarías mucho a esa persona. Entonces, ¿por qué lo haces contigo mismo/a delante del espejo? Eso no es compasivo hacia ti, el mismo daño que le harías a esa persona te lo estás haciendo a ti. Respira.

Si eres objetivo verás que no es la totalidad de tu cuerpo lo que no te gusta, es tan sólo la envoltura exterior. Observa que tus pulmones cuidan de ti respirando sin tú tener que hacer nada al respecto. Tu corazón late constantemente para asegurarse de que sigas vivo y de igual forma te cuidan todos tus órganos internos, y lo llevan haciendo 24 horas al día desde que naciste hasta hoy sin un solo descanso. Así que la verdad es que amas y te encanta el 95% de tu cuerpo, todo lo que está en el interior y funciona bien, pero tan sólo miras el 5% de la envoltura exterior y el espacio de grasa y desde ahí juzgas la totalidad dramatizando.

Viéndolo ahora desde otro punto de vista, piensa en algo que te guste mucho en tu vida, quizás un deporte, el cine, la música, alguna comida, la sexualidad o disfrutar de tu familia. Recuerda la felicidad que sientes al hacer esas actividades. Es gracias a tu cuerpo que puedes vivir esas experiencias. Tu cuerpo es lo que te permite disfrutar de la vida. Esto es motivo más que suficiente para amar tu cuerpo.

Acepta tu cuerpo tal y como es. ¡Ámate! Y luego haz algo de ejercicio, ten una alimentación equilibrada, asegúrate de tener una buena salud y ser responsable para que tengas la mejor calidad de vida posible.

Tómate unos 6 minutos diarios, los 3 primeros minutos permítete sentir conscientemente ese odio y rechazo, respirando para permitir que salga toda la presión. Luego los últimos 3 minutos observa y siente tu cuerpo y repite en tu mente: "Me amo tal y como soy. *Prema*". *Prema* significa amor en sánscrito. Cuando lo repites sintiendo tu cuerpo, le estás diciendo a tu cuerpo "Te amo". Repite este ejercicio diariamente durante 21 días y descubrirás la gran diferencia.

¿Valor o no Valor?

No tengo valor, no carezco de valor. Sólo Soy.

Médicos, abogados, arquitectos, etc., son considerados por muchos como personas importantes. A veces incluso ellos mismos se consideran especiales y mejores, con un valor superior, y hacen menos a los campesinos, a los obreros, a los que limpian las calles. Sin embargo, a un arquitecto lo necesitas una vez en tu vida o quizás nunca directamente, a un abogado lo necesitas un par de veces en tu vida, igual que a un médico. Pero ¿con cuánta frecuencia necesitas al agricultor, barrendero o limpiador? Cada día; un sólo día sin agricultores y los supermercados estarían vacíos llevando caos a la sociedad. Un día sin limpiar las calles y los malos olores e higiene se convertirían en un problema muy grave en las ciudades. Un día sin limpiar el baño de tu negocio puede costarte muchos clientes insatisfechos. Entonces, ¿quién tiene más valor, el arquitecto titulado o el agricultor sin estudios? Si en tu mente respondes el agricultor y limpiador, estás equivocado, la respuesta correcta es ambos por igual, porque sin arquitectos no tendríamos hogares firmes donde vivir, sin abogados la sociedad no sabría cómo relacionarse y respetarse, y sin médicos moriríamos por una simple gripe. Sin éstos la sociedad sería un completo caos, al igual que sin agricultores, ganaderos, personal de limpieza, oficinistas, fontaneros, electricistas etc.

Cada persona establece en su sistema mental lo que es importante en la vida y lo que no desde su punto de vista, y condiciona su juicio acerca del valor de las personas acorde a su decisión. Esto te hace apreciar a algunas personas o cargos y desprestigiar a aquellas que no cumplen con tus cánones de éxito. Quizás un día te burlaste del trabajo de alguien y al día siguiente estabas necesitando de sus servicios porque tú eres incompetente en ese ámbito.

No existe un trabajo más digno o con más valor o importancia que otro, si te pagan por lo que haces es que tu trabajo es necesario tanto como cualquier otro, de lo contrario no te pagarían por ello. Así que no debes sentir ningún tipo de vergüenza por aquello a lo que te dediques porque estás contribuyendo al bienestar de la sociedad de una manera o de otra.

Esto causa por ejemplo que cada persona quiera cobrar mucho por el trabajo que hace, pero desea pagar muy poco (o mejor aún nada) por el trabajo, esfuerzo y conocimiento de los demás. Piensa con cuánta frecuencia y facilidad consideras caro el precio que te cobra un electricista o plomero por sus servicios; en seguida crees que te quieren engañar o abusar. Antes de hacer ese juicio debes considerar que, si en todos lados te dan el mismo precio, entonces no es caro, es lo que cuesta. Luego debes tener en cuenta el esfuerzo y trabajo de esas personas, como por ejemplo el desplazamiento a tu casa, el ir a comprar repuestos, luego volver a hacer la reparación y generalmente todo de urgencia. La pregunta que te debes hacer es: Si yo hiciese ese trabajo, ¿cuánto me gustaría cobrar por ello? Entonces muy probablemente entiendas el precio que te ofrecen.

El Valor se convierte así en algo totalmente subjetivo, puramente basado en la comparación de lo que cada uno considera importante y de tu capacidad con respecto a los demás. Si en el campo en el que te comparas tú eres bueno, ganas y entonces te sientes valioso, pero si pierdes sientes que careces de valor y conviertes al otro en valioso.

La realidad es que el valor no existe. Todos somos iguales. Absolutamente todas las personas venimos del mismo "sitio" (Dios, Luz, origen, consciencia o como lo quieras llamar). Si todo en el mundo estuviese hecho de piedras, la palabra "piedra" no tendría sentido pues sería lo único que existe. Si todos venimos del mismo sitio, significa que todos tenemos exactamente el mismo valor, por lo tanto, nadie tiene valor y nadie carece de él.

La solución en la vida para no luchar por demostrar tu valor o sufrir por no tenerlo, es eliminar el valor de la ecuación. Deja ir por completo la cuestión del valor y la auto-importancia, y acepta con simplicidad y humildad aquellos aspectos de la vida en los que eres eficiente, así como aquellos en los que no lo eres. Acepta ambas partes sin ni siquiera considerar el valor como una posibilidad. Entonces descubres que no tienes valor, pero tampoco careces de valor. Vives completamente en el punto medio y no hay nada ni nadie que te pueda sacar de ahí.

No tengo valor, no carezco valor. Sólo soy, sólo somos.

Tú eres la fuente de tu verdadera felicidad

Afrontar tu sufrimiento es la puerta hacia tu alegría.

Cuando comenzamos un camino espiritual, una de las cuestiones que siempre surge es acerca de la Felicidad, qué es y cómo lograrla.

La Felicidad y la Alegría en tu vida son temporales hasta ahora. Un día estás feliz, porque tienes un trabajo nuevo; otro día estás feliz porque estás de vacaciones; luego estás feliz **porque** es tu cumpleaños; estás feliz **porque** tienes pareja o **porque** tienes hijos o porque, porque, porque… siempre andas buscando un motivo por el cual ser feliz, hasta llegar a un punto en que dejas de lado la felicidad y sólo buscas el porqué, en lugar de la Alegría en sí misma.

Y sucede que la vida te va demostrando constantemente que esos porqués no eran una causa permanente de tu Felicidad, sino sólo temporal y efímera. Entonces sucede que en el trabajo nuevo estás molesto **porque** trabajas 3 horas más; estás triste **porque** tus vacaciones se acabaron; te deprimes **porque** tu pareja se fue; te sientes solo **porque** tus hijos se emanciparon o porque, porque, porque… Así que el mismo porqué que te hizo sentir feliz en un momento determinado, tiempo después es el porqué que te genera exactamente la misma cantidad de sufrimiento que la felicidad anterior. Entonces dices: "Ah, tengo que buscarme otro trabajo, otra pareja, tener más hijos, necesito otras vacaciones o quiero un perro…" y acabas de caer en el mismo círculo vicioso. ¿Te suena familiar?

Ante esto, la solución no es dejar tu trabajo, pareja o hijos. Por supuesto que no, eso sería huir de la realidad en la que vives, aislarte y finalmente vas a sufrir más por la represión. Lo que debes hacer es eliminar los porqués, dejar de luchar. Entender que la vida ha estado constantemente mostrándote que no puedes estar en un estado permanente de Alegría si continúas buscándolo sólo fuera de ti. Esto tiene un lado bueno: significa que, si la felicidad permanente no la encuentras en el exterior, entonces sólo queda buscarla dentro de ti. ¡Es el único lugar donde quizás no la has buscado aún!

Aquí tienes un ejercicio muy sencillo e increíblemente eficaz y potente. Pon toda tu intención y fuerza de voluntad, ve más allá de la vergüenza y hazlo: Comienza a imaginar cómo cada una de tus células se convierte en una **cara sonriente**, imagina cómo cada célula le sonríe a la siguiente y ésta le devuelve la sonrisa. Poco a poco, todo tu cuerpo se convierte en **caras sonrientes**, todo son sonrisas, tus músculos están formados por grandes y ridículas sonrisas, tus huesos lloran de la risa, tu sistema nervioso envía **caras sonrientes** a todo tu organismo, sólo piensas en sonrisas y alegría… y ahora lleva esas sonrisas a la cara. ¡Sonríe! Más grande aún, aunque no tengas ganas, aunque cueste, saca tu máxima fuerza de voluntad, oblígate y… ¡¡¡**Sonríeeeeeeeeeeeeeeeee**!!!

Respira profundo, relaja tu cuerpo y deja ir la contemplación.

Si lo hiciste, seguro habrás sentido al menos un poco de alegría. ¿Cuál fue el motivo? ¿Cuál fue el porqué? Ninguno, sólo pensaste y te enfocaste en la Alegría y ésta surgió de forma espontánea. ¡Ajá! Acabas de comprobar que realmente la Alegría y la Felicidad ya están dentro de ti. Tú eres tu propia fuente de esa alegría y felicidad. Y ahora sabes cómo sentirla.

Si la alegría ya está en nuestro interior, ¿cómo es que no estamos siempre en ese estado? Imagina por un segundo que te regalo una caja de naranjas y cuando la abres, descubres que hay 5 ó 6 podridas, ¿qué es lo primero que harías? Probablemente sacarías las podridas porque sabes que, si no lo haces, todas van a acabar igual. Nunca se te ocurriría vaciar la caja, colocar las podridas en el fondo y poner todas las sanas encima y decirte "ya, todas están sanas", ¿cierto?

Metafóricamente hablando esa caja eres tú y las naranjas son tus emociones. A lo largo de la vida, te han sucedido muchos problemas o conflictos de manera que en tu interior hay emociones podridas y emociones sanas mezcladas, así que la pregunta es ¿qué esperas para sacar las podridas?

Tratar de forzar la Alegría, negando lo que te hace sentir mal, equivale a esconder las naranjas podridas en el fondo de la caja y decir "esto no me afecta". La Alegría es un estado del Ser natural, siempre está ahí, lo que sucede es que hay tantas naranjas podridas, que olvidamos que la felicidad siempre ha estado dentro, en el fondo. La solución es quitar las emociones negativas, disolver todo lo que nos hace sufrir. ¿Qué quedará en la caja cuando has sacado las naranjas podridas? Sólo quedarán las sanas, las bonitas, es decir: la Alegría, la Felicidad, la Calma; o dicho de otra manera, tu verdadera esencia, aquello de lo que realmente estás hecho: tu Alma, tu Consciencia, tu Divinidad. Respira.

Cada una de las emociones negativas que has sentido o sientes en tu vida, están ahí para enseñarte algo, para que puedas evolucionar. Cuando todo va bien, te acomodas, te relajas y no te mueves, entonces después de un descanso, la vida te da un empujoncito para recordarte que debes continuar avanzando.

Piensa cuántas veces gracias a la llamada de atención de tu jefe, cliente, padres, pareja, etc., te diste cuenta de que tenías que cambiar algo y evolucionaste, y al final hasta diste gracias por ese conflicto. Cuando recibas un empujón, está en tu mano aceptarlo como el inicio de un movimiento, de una nueva evolución, o luchar en contra y convertirlo en una auténtica batalla campal de años.

¿Cómo disolver las emociones negativas y tomar el aprendizaje escondido? A través de la atención. La consciencia es el disolvente del sufrimiento. Debes prestar atención consciente a ese dolor, sin negarlo, pero tampoco dramatizarlo; observarlo y sentirlo con severidad y objetividad. Para ayudarte a estar consciente, contempla estos 4 pasos o estados:

1) Respira: piensa en la emoción que deseas eliminar y respira desde tu abdomen.

2) Habita: abre la puerta a la emoción, permítele entrar en ti, deja que habite en tu cuerpo en lugar de rechazarla o pelear contra ella.
3) Siente: siente ahora esa emoción, sin tratar de cambiarla, sin drama. Sólo préstale atención, permanece consciente de ese sufrimiento el tiempo que sea necesario mientras respiras desde el abdomen.
4) Observa: contempla cómo tu malestar está disminuyendo y desapareciendo finalmente.

Cada vez que algo de sufrimiento es liberado, queda un espacio vacío donde antes estaba esa emoción negativa, así que es el momento de rellenar nuestra caja con naranjas nuevas, es decir, de poner Alegría en nuestro interior. Así que de nuevo debes repetir el ejercicio de las "Caras sonrientes". Algo de sufrimiento se ha liberado, ¡es tiempo de celebrarlo!

Hay personas a quienes les gustan los mantras y el uso de los malas (collares de 108 cuentas), si ese es tu caso, también puedes usar el mantra de la Alegría:

Sukhi Ananda Ram
Sukhi= Alegría
Ananda= Bendición
Ram= Placer más elevado, intenso y presente

Este mantra significa algo así como: "tomo consciencia de toda la Alegría, la Bendición y el Placer". Puedes crear un vínculo con este mantra para que fluya la energía de la Alegría por tu cuerpo y en tu vida con facilidad e intensidad. Para ello deberás repetirlo unos 25 minutos diarios durante 12 días consecutivos o, si usas un mala, harás 9 malas al día durante 12 días consecutivos. A partir del día 12, cada vez que te apetezca recítalo, cántalo, disfrútalo y vívelo.

Sonríe y recuerda siempre, ¡todo está bien!

Eres Libre ¡Toma tu Lugar!

Mi lugar es donde estoy, mi lugar soy yo aquí y ahora.

Todos los seres humanos son libres, sin embargo, hay una diferencia entre Libertad y Anarquía. Anarquía es la creencia de que podemos hacer lo que nos dé la gana sin importar las consecuencias ni las demás personas, eso no es libertad. Ser libre significa que tienes todo el derecho de hacer todo lo que desees cuando lo desees, pero sin nunca prevenir a los demás de esa misma libertad y sin lastimar a nadie en el camino.

Si para lograr un objetivo tuyo alguien tiene que sufrir, o no es un buen objetivo, o no es la mejor manera de alcanzarlo. Se convierte en anarquía y egocentrismo, no es libertad. Por ejemplo, si te gusta el humor sarcástico, significa que para reírte alguien tiene que sufrir; si para animar a tu equipo necesitas insultar a los demás, ¿es una buena forma de hacerlo? Piénsalo, ¿cómo te sientes cuando se ríen de ti, cuando te insultan o cuando no te respetan? Eso es lo que sienten los demás cuando tú actúas de esa forma. Siempre hay opciones de reírse, de pasarla bien, de lograr tus metas sin lastimar a nadie, entonces todos disfrutan, todos salen beneficiados.

Todas las personas buscan tener una vida plena, sin embargo, no es posible conseguirla si en sus esfuerzos por lograrla no incluyen a los demás. El egocentrismo limita tu felicidad y paz, y al final siempre terminas sintiéndote culpable. Compartir e incluir a los demás en tus acciones te hace sentir bien, te hace feliz ver la satisfacción de todos, incluida la tuya.

De la misma forma en que no debes imponer tu libertad sobre los demás, tampoco debes permitir que los demás impongan su libertad sobre ti. ¿Qué quiere esto decir? En ocasiones tus acciones pueden lastimar a los demás y debes hacer todo lo posible para evitarlo, pero otras veces hiciste lo correcto y los demás sufrieron por sus propias expectativas. Por ejemplo, supongamos que tomas una decisión que sólo te incumbe a ti, como cambiar de trabajo, de ciudad o de pareja, y tu madre se siente decepcionada por tu decisión y te dice el típico "me estás haciendo sufrir". En una situación así, no eres tú quien está lastimando a tu madre, ella está lastimada por sus expectativas y por sus apegos, y está tratando de imponer su libertad sobre la tuya. No lo debes permitir, debes tomar tu poder y reafirmarte. Si no lo haces, terminas viviendo en función de lo que los demás te dicen u opinan, y pierdes las riendas de tu vida por dárselas a otros. En tus acciones y decisiones aprende a diferenciar cuando tu acción causa sufrimiento a otros y cuando ellos sufren por sus propias razones. Si algo te incumbe a ti y a tu vida no es asunto de los demás y nadie tiene derecho a opinar al respecto.

Entender esta diferencia es el paso inicial para tomar tu lugar y tu poder en la vida. Durante mucho tiempo has estado tratando de que tu lugar te lo den tus padres, tus parejas, tus hijos, amistades, jefes, etcétera, y has luchado con tesón para que así sucediera. Has hecho todo lo que has podido para demostrarles a todos y a ti misma/o que eres lo suficientemente buena/o y que mereces un lugar en la vida, en tu familia y en tu trabajo. Y después de todos esos esfuerzos, nadie te ha dado tu lugar. Es frustrante, ¿cierto?

El motivo por el cual nadie te ha dado tu lugar hasta ahora y tampoco te lo van a dar nunca es porque ellos no lo tienen. Por tanto, nadie puede darte algo que no posee. Tu lugar en la vida está en ti, aquí y ahora, tú eres quien decide si tomarlo o no. Cuando no lo tomas permanece vacío, nadie lo ocupa por ti, nadie te lo quita. No pidas permiso a nadie, ni siquiera a ti mismo: no esperes a que tu ego esté de acuerdo para hacerlo. Toma tu lugar y tu poder, es tu responsabilidad. Acepta que existes, que tienes derecho a la vida. Simplemente hazlo y vive.

Observa cuántas cosas deseas hacer y no haces por el miedo a lo que piensen de ti o porque crees que no lo mereces. ¿Cuántas oportunidades ya has dejado ir en la vida? ¿Te sientes bien al verlas pasar delante tuyo y no actuar? Piensa en algo que desees… pues bien, tienes derecho a esa experiencia. Para lograrla tendrás que esforzarte quizás, pero debes ir por ella, sólo asegúrate de no lastimar a nadie en el camino y no caer en la anarquía ni imprudencia.

Si te apetece comerte un helado, chocolate o una hamburguesa, hazlo sin sentirte culpable, disfrútalo. Nadie se muere por ello, sólo sé prudente de cuidar tu salud, comer sano y hacer algo de ejercicio, pero hazlo. Si quieres comprarte una camisa y tienes el dinero, no tienes que esperar a tu cumpleaños para comprarla. Tienes derecho a ello, sé prudente, no gastes lo que no tienes. Si te gusta una persona no escondas tus sentimientos, tienes derecho al amor, al sexo, a la diversión. Ve por lo que deseas. No huyas de la vida y de sus experiencias sino más bien abrázala, lánzate en ella con prudencia, pero definitivamente viviéndola.

No esperes que nadie te dé permiso para ser feliz, sólo tú eres responsable de lograrlo. ¿Quieres ir al cine, a cenar o a bailar y no tienes con quién? Ve solo, no hay nada vergonzoso en ello, es tu derecho a la vida y a tu emancipación, y lo que los demás opinen al respecto no es asunto tuyo, no te concierne.

Ya sabes lo que es una vida de represión, condicionamiento y frustración. Ahora llegó el momento de la emancipación, de tomar tu lugar y entender la vida. "Mi lugar es donde estoy, es lo que soy, estoy vivo y ahora vivo."

Meditar de 5 a 10 minutos al día en la palabra *Swasthya* (se dice suastia), que quiere decir "estoy auto-contenido" en sánscrito, te hará darte cuenta de que eres autosuficiente y que **ya** tienes todo lo necesario para hacer lo que deseas y por tanto, podrás tomar tu poder y lugar de forma pacífica pero determinante.

La Esencia Femenina

Sé independiente y autónoma pero nunca pierdas tu feminidad.

Tara, Lakshmi, María o Madre Tierra. A lo largo de la existencia de la humanidad, la figura femenina siempre ha jugado un papel fundamental. En cada religión existe un nombre para esa energía femenina, que en general es conocida como Madre Divina o Madre Universal. Pero, ¿qué es y cómo nos afecta?

Utilicemos un ejemplo. Supongamos que vives en Chiapas. Chiapas está en México. México está en el Continente Americano y éste en el planeta Tierra. La Tierra en el Sistema Solar y el Sistema Solar en el Universo. ¿Dónde está el Universo? En la Madre Divina.

Metafóricamente hablando, para preparar un caldo necesitas la olla para contenerlo; igualmente para que el universo exista se necesita un contenedor universal, esto es lo que llamamos la Matriz de la Madre Divina.

Esta Madre Divina por tanto, no es una persona física sino una actitud, una energía o consciencia elevada. Ella tiene la cualidad de cuidar y proteger todo lo que está en su interior, como una madre que cuida y protege a su bebé y su familia. Es asimismo la que provee el alimento en forma de consciencia y energía, al igual que una madre alimenta a través del cordón umbilical y la leche de sus pechos. Es también la que te acompaña siempre, sin importar que esté sucediendo, para aliviar la soledad, darte un apapacho y llenarte de amor, al igual que una madre sostiene a su hijo en sus brazos llenos de amor.

Esta energía no es exclusiva de las mujeres, sino que también está en el interior de los hombres, está presente en todos de forma diferente y cada persona debe aprender a encontrarla, aceptarla y usarla de forma apropiada.

Las mujeres son una encarnación directa de esta Madre Divina o Universal, de modo que generalmente poseen las cualidades de cuidar de forma innata, sin esfuerzos. Sin embargo, a lo largo de la historia y debido principalmente al machismo, estas características a veces son malinterpretadas y juzgadas como símbolo de debilidad e inferioridad. Esto ha creado una confusión entre los derechos de mujeres-hombres, y entre la naturaleza y esencia de cada género.

Mujeres y hombres tenemos los mismos derechos en términos de legalidad y sociedad. Los hombres no son superiores a las mujeres, ni las mujeres superiores a los hombres. Ningún hombre tiene derecho de someter a una mujer, ni viceversa. Tenemos los mismos derechos y sin embargo somos diferentes.

Un hombre sabe conquistar a una mujer, pero luego se le hace difícil cuidar de la relación por esta limitación de energía femenina. A una mujer, por el contrario, le cuesta dar el primer paso y conquistar a un hombre, pero sabe cómo cuidarlo luego. Un hombre sabe producir dinero, pero le cuesta ahorrar. Una mujer sabe cómo ahorrar.

Somos distintos en nuestra forma de pensar, de sentir, en aquello a lo que le damos importancia y ninguna postura es mejor que la otra, ambas son buenas. La Paz entre géneros se logra cuando ambos aceptan primero su propia naturaleza y luego la del género opuesto tal y como es, sin juicios.

La búsqueda de la independencia de la mujer es algo maravilloso. El problema está en que, en ocasiones, para lograr esa autonomía lo hacen a través de una lucha en contra de su propia naturaleza y/o en contra del otro género. Se convencen de que no necesitan a los hombres en sus vidas, de que no tienen por qué cuidar a nadie, de que todo lo pueden hacer solas, el famoso "todos los hombres son iguales" o "quien necesita a los hombres". Y lo que están haciendo es perder su esencia femenina masculinizándose. Esto más tarde se convierte en el sufrimiento de soledad, de no tener apoyo o una persona a su lado para compartir la vida porque han perdido esa esencia que las hace atractivas como mujeres.

Realizarte como mujer no es negar la esencia femenina, sino abrazar lo que eres. Sé independiente, ten tu trabajo, toma tus decisiones de acuerdo con tus deseos y metas. No permitas el sometimiento, da tu opinión, pero nunca pierdas tu feminidad. Nunca dejes de lado tu capacidad de cuidar, trasmitir amor, proteger, sostener. No es incompatible. Cuanto más aceptes estas cualidades, más fácil y rápido lograrás tu éxito personal. Haz las paces contigo misma y tu feminidad.

Para los hombres el ejercicio es despertar esta capacidad de cuidar, trasmitir amor y no sólo preocuparse por los resultados, sino también por los medios. Entender que preocuparte por tus emociones y las de tu familia no te hace menos hombre. Saber que nadie tiene la obligación de cuidarte y mimarte y que por tanto no lo puedes exigir, sino aceptar cuando suceda y aprender a cuidar de ti mismo. Por último, es estar consciente de que ese mismo cuidado que quieres recibir de una mujer, los demás también quieren recibirlo de ti.

Como hombre, conectar con tu Madre Divina hará calmar tu agresividad, tu violencia y tus constantes cambios de opinión. Te permitirá ser suave con todos, y aun así, determinante y claro en tus objetivos y poder.

Para recuperar y aumentar esa esencia de la Madre Universal y la energía femenina en ti tanto como mujer y hombre, te recomiendo este sencillo ejercicio: Respira desde tu abdomen con tranquilidad y en tu mente te imaginas que estás sostenido en los brazos de esa Madre Divina (María, Tara, Lakshmi…), como cuando eras pequeño y tu madre te sostenía, sólo que ahora no es tu madre biológica sino la Madre Universal. Y durante 5 o 10 minutos te permites relajarte y rendirte en sus brazos permitiendo que te llene de paz y amor. Esto eliminará la sensación de vacío y soledad de tu interior. Haz este ejercicio todos los días durante 15 días y te sentirás mucho mejor contigo mismo.

La Esencia Masculina

El poder es amor, no violencia.

Poder. En el universo existe Poder. Es el origen de la creación, es el Big Bang. Y cuando el poder es puro no es una experiencia de violencia o agresividad. El poder no corrompe ni es de avariciosos. Es la experiencia de abrazar la vida con pasión, de declarar que estás vivo y actuar con decisión. Es recordar tu esencia divina y utilizarla.

Pero hay algo que te lo impide, ¿qué es? Cada experiencia de poder dolorosa que has vivido en la vida. Cada vez que tus padres ejercieron abuso de poder sobre ti por su incompetencia, cada vez que un profesor en tu escuela, o cualquier persona con autoridad te gritó o te hizo sentir mal, han generado tus juicios sobre el poder impidiéndote entenderlo. Y como consecuencia esto te ha dificultado realizarte y lograr tus objetivos.

Piensa en un cuchillo en tu cocina, puedes utilizarlo para cortar verduras y hacer un rico caldo o en un ataque de locura se lo puedes clavar a alguien. El cuchillo es sólo una herramienta, ni buena ni mala; el uso que tú le des lo convertirá en un utensilio de cocina o en un arma blanca. La solución no es tirar tus cuchillos a la basura para evitar que ataques a nadie, sino permanecer consciente y aprender a usarlos para nunca lastimar a nadie y tampoco ti. Tu poder es como este cuchillo, es sólo un mecanismo, un principio universal al que tienes derecho y el uso que le des lo convertirá en la energía para lograr y realizar lo que desees, o para tratar de dañar y dominar a los demás.

En ocasiones tú has proyectado ese poder en contra de los demás lastimándolos, en otras ocasiones alguien lo proyectó sobre ti y el resultado en ambos casos es que le echaste la culpa de lo sucedido al poder. Es como lanzar el cuchillo a alguien y echarle la culpa al cuchillo. El poder no es responsable ni culpable del daño que hayas causado o recibido, la responsabilidad recae en tu incompetencia o la de la otra persona para utilizarlo. Debes perdonarte a ti y a los demás por el mal uso del poder, practicar y aprender a usarlo de una forma compasiva enfocado a tu bienestar y el bienestar de los demás.

Debes recordar que no tienes autoridad o poder sobre nadie y nadie lo tiene sobre ti. Nadie debe sufrir por tu poder ni tú por el ajeno. Al igual que no te gusta que se te impongan, tampoco te impongas tú. Para encontrar este equilibrio es fundamental que el cimiento de tu poder sea el amor y no el resentimiento u orgullo. Como una madre al dar a luz, donde cada contracción y empuje es una experiencia de poder, llena de amor hacia su hijo.

Cuando conectas con el Amor puro, no condicionado por tu control, decepciones o frustraciones, sino en su experiencia más elevada de libertad; cuando tienes un deseo profundo de sentirte bien contigo y todos, de compartir ese amor, entonces tu poder emana como una fuente eterna, infinita e ilimitada, capaz de hacer cualquier cosa. Es el poder de tu *kundalini* bajo tu control. Es una experiencia de celebración de la vida y de la existencia, la declaración de que tú eres ese ser divino y que actúas como tal.

Este poder está presente tanto en hombres como mujeres, así que ambos deben aprender a tomarlo y manejarlo desde sus esencias.

Los hombres son una encarnación de este poder, por ello tienen más de esta energía en su cuerpo y les es más sencillo tomarlo y aceptarlo. Sin embargo, para ellos el problema es aprender a usarlo desde la compasión y no caer en los extremos de la agresividad o la violencia verbal o física. Debes entender que no debes proyectar tu poder contra nadie sino usarlo en favor tuyo y de los demás al mismo tiempo, recordando que todos los seres humanos tenemos la misma cantidad de poder. Y debes desarrollar más compasión que orgullo.

Este poder en el cuerpo del hombre se transforma en el deseo de tener una mejor vida, de crear metas y objetivos, y trabajar para lograrlos. Pero cuando este poder es confundido se convierte en la sensación de no ser suficientemente buenos proveedores y de tener que hacer y producir más y más, y ahora ese hombre nunca se siente satisfecho con lo logrado en su vida. Un hombre que no produce ingresos económicos se siente triste y se deprime, pues se siente inútil. Es gracias a este poder que los hombres mejoran y evolucionan, pero llevado al extremo u obsesión se convierte en un sufrimiento constante por insatisfacción. Entonces, los hombres empiezan a competir por tener el mejor trabajo, más dinero, la mejor pareja, cayendo en la avaricia e incluso en la violencia para lograrlo; van a mal utilizar ese poder para demostrar su valía. Cuando eso suceda, debes permanecer consciente de este empuje instintivo para que puedas relajarlo y no te dejes llevar por esos sentimientos. No tienes nada que demostrarle a nadie, ni siquiera a ti mismo. Si en tu vida haces todo lo que puedes por ser eficiente y producir, estás haciéndolo bien, sigue así y no seas duro contigo. Encuentra tu Poder Puro, tómalo y entonces esa necesidad de demostrar o de no ser suficientemente bueno desaparecerá.

Para las mujeres, desarrollar este poder puede ser un trabajo más difícil, así como para los hombres lo es desarrollar la energía femenina. Se debe a que la presencia de energía femenina está tan presente en ellas que la masculina parece inexistente, pero la realidad es que tan sólo está oculta y dormida. Al igual que cuando no tienes pan sales a la panadería a comprarlo, cuando sientes que algo te falta en tu interior sales a buscarlo al exterior. Esto es lo que causa que los hombres busquen fuera a Madres Divinas y las mujeres busquen ese poder en los hombres, tratando de compensar lo que sienten que les falta en sí misma/os. De esta manera se convierten en codependientes convencidos de que lo que desean está afuera, cuando es dentro donde lo deben encontrar.

Cuando una mujer no siente ese poder en sí misma permanece a la espera de que otro, generalmente un hombre, dé el primer paso por ellas. Este primer empuje es el poder que la mujer debe despertar en su interior, no esperar ni dar por hecho que alguien lo hará por ti, entender que nadie te va a salvar.

Tú eres la única responsable de tu bienestar y satisfacción. Despierta tu poder y tómalo, no lo busques fuera, está en ti. Sé determinante hacia tus objetivos y ve por ellos con este Poder Puro. No confundas tomar tu poder con irte al extremo de rechazar o pelear en contra de los hombres como a algunas veces sucede. Recuerda que tu poder no lo tienen ellos, por tanto, no tienes que pelear por él. Puedes perfectamente tomar tu poder y aun así tener una relación de pareja.

Una vez que hombres y mujeres toman su poder, entonces se vuelven a sentir plenos y realizados. Este es el mejor estado para convivir y relacionarnos con nuestras parejas, familias, compañeros y amigos. Llenos de Poder Puro, intenso, profundo, basado en el amor y la compasión.

Este mantra es recomendable tanto para hombres como mujeres, para conectar con tu poder y aprender a utilizarlo. Repite 20 minutos diarios durante 12 días seguidos *ShivaLingam* que te ayudará a aceptar el Poder eterno y Divino que hay en ti.

¿Un paso más?

¡Sí puedes!

En la espiritualidad y en tu vida vas dando un paso tras otro a tu propio ritmo. Sin embargo, cada vez que vas a dar uno de esos pasos hay un miedo interno. Se debe a que sabes lo que sabes de ti, pero aún no sabes lo que te queda por descubrir. Así aparece el miedo a lo desconocido, a lo que puedas encontrar en este camino del autoconocimiento.

Este temor te paraliza. En algunas ocasiones estás convencido de que va a doler descubrir una nueva parte de ti que aún no has resuelto, en otras hay como una culpa de haber hecho algo malo y no recordarlo, un sentimiento de culpa sinsentido. Ciertamente no sabes qué vas a encontrar en esa búsqueda y quizás tengas cosas que solucionar y resolver, pero cada paso anterior que has dado te hizo mejorar y sentirte bien al final, quizás no durante el proceso de purificación, pero sí como resultado. Entonces no pienses en el proceso, permite que tu inspiración sea el bienestar final.

Es normal tener la sensación de haber abierto la Caja de Pandora o el baúl de los recuerdos y de hecho es algo así, pero que eso no te detenga. Estás en el proceso de cambio y purificación. Mirar esa caja y pensar "¡todo lo que me queda por integrar y resolver!" no es la mejor actitud, ya que te hace sentir que te queda mucho trabajo pendiente y te quita fuerza para dar el siguiente paso.

Piensa como metáfora en lo que vas a comer en tu próxima comida de hoy. Ahora piensa en todo lo que vas a comer mañana y pasado mañana, y al siguiente día. Piensa en la cantidad de comida que vas a comer en todo este año. Si imaginas toda esa comida delante de ti pensando que te la tienes que comer ahora mismo, te agobiarías, probablemente hasta se te iría el hambre de ver todo lo que te tienes que comer. Sin embargo, lo que haces es comer un poco cada día y ni te das cuenta de las toneladas que comes. Llevas años comiendo varias veces al día y nunca te preguntas "¡Uffffffff! ¿Cuándo habré terminado de comer para el resto de mi vida...?" No tiene sentido, simplemente comes cuando tienes hambre. Con la espiritualidad y tu evolución sucede igual. Imaginar todo lo que tienes que aprender es poner toda la comida de tu vida delante de ti.

Sé compasivo, no hay necesidad de ser duro contigo. Cuando enseñas un bebé a caminar y tras dar un paso se cae, no lo miras con desprecio, no lo castigas ni lo juzgas, sino que con tus manos lo levantas y le dices "no pasa nada cariño, vuélvelo a intentar". Cuando el niño lo hace de nuevo y cae otra vez tu respuesta es exactamente la misma, nunca te enfadas con el niño por su incompetencia para caminar sin importar cuántas veces caiga. Así es como deberías mirarte a ti mismo, cada error que cometes no es verdaderamente un error, es un paso para aprender a caminar. Cuando tú caes, Dios te mira, te agarra de tus manos y te dice "No pasa nada cariño, inténtalo de nuevo" sin juicio.

Y cuando en alguno de esos pasos descubras algo sin resolver o doloroso de ti, no te permitas caer en el pesimismo y descartar todo el buen trabajo previo que has hecho. Es común que tras hacer terapia o meditar durante mucho tiempo vuelva a aparecer alguna vieja herida que creías resuelta (porque queda algún punto de vista desde el cual observarlo). O quizás te enfades y tu pareja te diga "tanta meditación y terapia y mira cómo te pones", y en ese momento dudas de todo lo que has trabajado y resuelto creyendo que ha sido en vano. No te permitas caer en ese error. Cada paso que has dado y cada tema que has resuelto lo has resuelto y ha sido un éxito, y ahora sólo debes dar ese siguiente paso para resolver el tema presente en este momento, es tu siguiente comida. Si el tema se repite es que lo estás sanando desde diferentes puntos de vista y ópticas, no desesperes, vas bien; ten fe en la evolución y en ti.

Da un paso cada vez, date un descanso entre cada paso si lo necesitas o deseas y de nuevo da el siguiente paso cuando es momento de darlo. Entonces ya no sentirás más que tienes cosas por resolver o algo por lograr, simplemente estarás dando el siguiente paso.

En la vida no hay un objetivo a conseguir o una montaña a escalar, sino el siguiente paso a descubrir sobre nosotros. Si la vida es siempre evolución, entonces mientras estemos vivos siempre habrá algo que aprender. Acéptalo y haz las paces con la evolución, da un paso más, tan sólo permanece en el aquí y el ahora y da el siguiente.

Entonces, ¿un paso más?

Interludio: Lo que haces y lo que eres

Antes de tener nombre y apellido ya existías. Antes de tener estudios o trabajo también existías. Por tanto, no eres tu nombre, ni tu profesión, ni tu nivel económico o social. Todo eso es lo que tienes y lo que haces, no lo que eres. Tú eres el Ser o Alma y como tal tienes un nombre, un cuerpo, un trabajo... Eres el Alma "haciendo" una vida humana.

Parte 3: Atma

Atma *significa "alma" en sánscrito. Esta tercera parte te llevará a entender mejor tu existencia y experiencia como alma o ser encarnado en un cuerpo. ¡Descubre de qué estás hecho!*

¿Qué soy?

Tú no eres tu coche, sino el conductor. No eres tu cuerpo, sino el habitante.

Cuando alguien te pregunta quién eres sueles contestar tu nombre, tu apellido, tu profesión, tu estado civil, etc. Sin embargo, ¿eres verdaderamente todo eso?

Si en lugar de llamarte como te llamas tuvieras otro nombre, ¿cambiaría algo tu existencia? La respuesta es no. De hecho, antes de que te pusieran nombre ya existías. Cuando estás en el metro, autobús o avión donde nadie sabe tu nombre, no dejas de existir, por tanto, no eres tu nombre. Tu nombre es algo que tienes, pero no es lo que eres.

Tu apellido hace referencia a la familia a la que perteneces, pero hace tan solo unos pocos miles de años que usamos apellidos. Si te cambias de apellido, si no conoces a tu familia o cuando ellos ya no estén, tú no vas a dejar de existir. Esto quiere decir que tampoco eres tu apellido, sino que lo tienes igual que tu nombre.

De igual forma, antes de estudiar o de tener el trabajo que tienes también existías, entonces de nuevo, tus títulos, certificados y profesión no es lo que eres sino lo que haces. Y cuando ya no puedas ejercer más y te jubiles, no desaparecerás, simplemente estarás haciendo otra cosa, descansar quizás.

Sucede así con cada forma en la que quieras definirte, tu estado civil no es lo que eres, es con quien estás. Tu coche, casa y dinero no son lo que eres, es lo que tienes o donde estás. Incluso si vas más allá del miedo a la muerte y observas justo antes de nacer y justo después de morir, verás que sigues existiendo, por lo que ni siquiera eres el ser humano. Tu cuerpo es el vehículo del ser.

Para poder acercarte a lo que verdaderamente eres, haz este pequeño ejercicio: Comienza por prestar atención a tu respiración. Respira y permanece consciente de que respiras, siente el aire entrando y saliendo de tus pulmones. Ahora da un paso más allá y no sólo estás consciente de la respiración, sino date cuenta de que estás consciente de que estás consciente. Observa que hay dos cosas sucediendo al mismo tiempo; primero estás consciente; segundo, también estás consciente del hecho de que estás consciente. Verás que hay la sensación de un observador o algo que contempla. Permítete sentirlo, si quieres con los ojos cerrados por un minuto y en tu mente te repites "estoy consciente de que estoy consciente".

¿Qué es ese "observador"? Eso es lo que verdaderamente eres, el alma. Esta alma también es llamada en otras religiones o tradiciones Yo Soy, Ser Superior, Espíritu o Consciencia Individual. No eres un ser humano que tiene alma, eres el alma que está en el cuerpo.

Cuando comes está la comida, el acto de comer y el que come (comedor). De igual forma está tu humano, las experiencias que vives y lo que experimenta tu alma.

En el proceso de la creación todo era Uno, toda la luz y consciencia permanecían en unidad hasta que la creación sucedió. Entonces diferentes partes de esa luz universal y consciencia se densificaron y adquirieron individualidad en forma de almas todavía sin encarnarse físicamente. Finalmente, esas almas individuales observan la naturaleza y se sienten atraídas hacia esas experiencias, lo que causa que se encarnen en cuerpos como el que ahora tienes. Tu alma es por tanto la verdadera esencia de lo que eres.

Cada alma es individual y totalmente autónoma y completa, la idea de almas gemelas es una falsa ilusión que nace de las expectativas de las personas por un mundo de fantasía en el que evadirse. Dios no crea un alma para luego dividirla en dos y poner una parte en un país y la otra en otro para que se encuentren. Eso no tiene ningún sentido. Si existieran las almas gemelas entonces querría decir que deberíamos nacer de dos en dos para que un alma "estuviese completa", tendríamos que ser siempre un número par de cada especie y morir juntos porque si no se queda media alma por ahí suelta. Además, esto implicaría que no somos autónomos y dependeríamos de esa otra alma. La idea de ser medias naranjas es romántica pero expresa estar incompletos.

Eres una "naranja entera" y cuando estás con alguien, ahora son dos naranjas completas. Sin embargo, es cierto que en cada encarnación estás con algunas almas que ya has conocido previamente, no todas, solo unas pocas, y esto no quiere decir que sean almas gemelas ni que tengas que casarte o tener sexo con ellas, son simplemente conocidos. Debes elegir la realidad frente a la fantasía, regresa a la simplicidad. Eres un ser totalmente independiente y autónomo y como tal tienes derecho a disfrutar de relaciones de pareja. Deja de buscar a tu alma gemela y acepta un hombre o mujer en tu vida para amarse, respetarse y ser felices.

Al encarnase, tu alma experimenta tu cuerpo de una manera parecida a como tú te relacionas con tu coche. Tienes un coche, pero sabes que no eres el vehículo. Todas las mañanas te subes en él y lo conduces, pero nunca te crees ser el coche. De igual forma, es tu alma la que "conduce" tu cuerpo. Una parte de ella habita y forma tu cuerpo y la gran mayoría está alrededor pues, es tan grande, que no cabe por completo en tu interior. No puedes verla porque precisamente es tu alma (el observador) la que ve. Es como querer ver tu ojo por dentro, no puedes porque el ojo es lo que ve. Sin embargo, si le prestas atención como hiciste en el ejercicio anterior, puedes darte cuenta de que ahí está y sentir la tranquilidad que da.

Tu alma es indestructible y eterna, no muere, no puede enfermar ni sufre como sufre el ser humano porque está hecha de consciencia y no de materia ni de emociones. Decir "me duele el alma" es una forma dramática de decir que te duele mucho, pero no es el alma la que está sufriendo. Incluso la forma en la que tu consciencia individual experimenta la muerte es completamente diferente a como lo percibe el ser humano. Para el alma la muerte no es sino un cambio de coche y en lugar de vivirlo con luto y dolor, lo experimenta con ilusión y alegría igual que cuando tú te compras un coche nuevo no haces luto ni lloras por el coche anterior.

Entonces si tú eres el alma, ¿puedes afirmar tan siquiera que estás vivo? No. Desde el punto de vista del ser humano y la naturaleza por supuesto que estás vivo, sin embargo, desde el punto de vista del alma, de aquello que verdaderamente eres, no estás vivo y tampoco estás muerto, porque de nuevo, la vida no es lo que eres sino lo que haces, lo que experimentas como Ser. Esto no quiere decir que entonces no cuidemos de nuestro cuerpo, pues tú cuidas de tu coche para que te dure lo máximo posible. De igual forma debes cuidar tu cuerpo y tu vida para estar y permanecer lo más sano posible.

Eres el alma haciendo tu vida. Eres el Ser indestructible.

Puedes contemplar el siguiente mantra repitiéndolo unos 20 minutos diarios durante 12 días seguidos. Esto se llama "cargar" un mantra y sirve para tener esa energía y consciencia en ti. Luego lo puedes utilizar cada vez que te apetezca conectar con tu alma.

Aham Nivedin, Aham Atma

Aham significa en sánscrito "Yo soy". *Nivedin* significa "estar consciente" y *Atma* es el alma. Por tanto, este mantra quiere decir: "Soy lo que está y permanece consciente, soy alma".

En tu día a día recuerda: mi trabajo no es lo que soy, es lo que hago; mi nombre y apellido no son lo que soy, son lo que uso; mi cuerpo no es lo que soy es lo que tengo; mi vida no es lo que soy es lo que experimento. Soy el Ser detrás de todas estas experiencias.

¿Qué es la Alegría?

Ríe, sonríe, sé la felicidad.

La alegría es una experiencia vivida, un estado del ser y como cada experiencia, es diferente para cada persona que la vive. Sin embargo, tiene cosas en común para todos.

Tú no eres un ser humano que tiene alma, sino todo lo contrario, un Alma que tiene un ser humano. Por encima del Alma está la parte Divina que todos somos y que quieres descubrir. Por tanto, resumidamente estás formado por una parte Divina, una parte de consciencia o Alma y el ser Humano.

Cada una de estas partes de ti experimenta la alegría de diferente manera, pues cada una de esas partes tiene una percepción diferente.

Para el ser humano la alegría es una explosión de risa, diversión, estimulación y excitación con grandes carcajadas, muchas veces compartidas con otros. Es también la felicidad de las metas logradas, de los objetivos cumplidos y la satisfacción por la vida que tenemos. En esta felicidad hay una gran dosis de drama en la exageración de las experiencias, eso es lo que la hace tan vívida. Y precisamente esa intensidad hace que sea como un pico muy muy intenso y elevado pero muy muy breve en el tiempo. El chiste más gracioso te puede hacer saltar las lágrimas de alegría, pero 5 minutos después el chiste y la alegría se acabaron, hasta la siguiente broma.

Desde el punto de vista del Alma, en la alegría hay simplicidad. Aquí ya no hay drama pues es no sólo la aceptación de las cosas tal y como son, sino el disfrute de cualquier experiencia sin diferenciar una como mejor que otra. No hay risas y carcajadas sino un estado de Alegría, el cual al principio parece sutil, pero resulta ser mucho más profundo y satisfactorio. Es una sonrisa suave llena de satisfacción por la mera existencia. Esta felicidad es independiente del exterior pues nace de reconocernos como ser y de estar en contacto con nuestra consciencia. Metafóricamente sería algo así como tener una suave sonrisa en tu cara siempre. Debido a que esta felicidad no viene del exterior sino de tu esencia entonces no está limitada en el tiempo y no crea los altibajos que como ser humano experimentamos. No hay una explosión como tal, sino el constante estado del ser de la alegría. Como una bolsa de té infusionándose en agua caliente, muy despacio, pero desde lo profundo haciéndose intensa.

Desde el punto de vista de Dios, la alegría es una experiencia que llamamos de no-distinción. En la felicidad divina no hay explosión de alegría y diversión, pero tampoco hay ausencia de explosiones de alegría y diversión. No hay simplicidad ni satisfacción, pero tampoco hay ausencia de simplicidad o satisfacción. Todo es Felicidad porque Nada lo es. Es una experiencia neutra completamente llena por ambos extremos. Es la alegría indefinida (no incondicional) de un padre contemplando a sus hijos. No hay forma de entenderlo con la mente, hasta que un día lo experimentes, entonces esta respuesta te parecerá obvia.

¿Cómo pasar de la felicidad humana a la del alma? ¿Cuánto necesitas extasiarte, por qué, para qué?

En un ejercicio previo practicaste la explosión de risas a través de contemplar de manera intensa caras sonrientes. Ahora queremos profundizar en la experiencia del alma. Para ello, tómate un momento del día en que no tengas prisa y sentado con los ojos cerrados repite cada 3 o 5 segundos la palabra "alegría" (o en sánscrito *Sukhi*). Da igual lo que tu mente piense y si divaga, tan sólo concéntrate en repetir: Alegría (*Sukhi*) durante al menos 20 minutos seguidos. Es como cuando hay una infusión de té, pones la bolsita de té en agua hirviendo y le das tiempo a que se haga. De igual manera te dejas infusionar suave pero profundamente en ese estado de alegría, sin motivos, sin explosiones. No tengas expectativas de qué o cómo sentirlo, déjate descubrir tu propia manera y luego permanece ahí en ese estado el tiempo que quieras.

Misión de vida

Tu vida es como un libro en blanco, tú lo escribes.

Libre albedrío significa que eres libre para hacer lo que quieras hacer. Misión de vida significa que tienes una misión que cumplir y por tanto no eres libre de elegir. Así que no puedes creer en el libre albedrío y tener una misión de vida al mismo tiempo, porque es contradictorio.

Si todos tenemos una misión de vida espiritual que debemos cumplir y todos nos tenemos que convertir en sanadores o guías espirituales, entonces... ¿Quién va a preparar el pan que comemos? ¿Quién va a reparar las carreteras? ¿Quién va a diseñar la computadora que usas?

No existe misión de vida o propósito que cumplir. Dios no te mandó aquí con un objetivo que realizar.

La idea de "misión de vida" nace de tres malentendidos:

1) La separación que percibes entre personas espirituales y personas no-espirituales. Donde entonces los espirituales son "especiales" y tienen una misión/don que los demás no tienen. Es querer ser superior. Sin embargo, todos los seres humanos (y sintientes) venimos del mismo origen sea cual sea (Dios/luz/consciencia), así que todos hemos sido creados de la misma manera. Todos somos iguales, todos tienen la capacidad de desarrollar cualquier don o habilidad. Nadie es más importante que los demás, nadie es mejor que nadie y nadie es imprescindible en el mundo. Cada vez que ves y juzgas a una persona "no-espiritual" recuerda que ese eras tú hace unos años o hace unas vidas. Ten compasión hacia ellos. No eres especial, nadie lo es.

2) La necesidad de darle un sentido a la vida y existencia. Cuando tienes una misión de vida sientes que tienes algo noble que hacer, que tienes un propósito aquí, por tanto no te sientes tan vacío ni perdido. Pero la solución a este vacío no es crear un sueño o una fantasía de algo

divino que hacer, sino ir a ese vacío y llenarlo con tu propia consciencia. Entenderlo y hacerte auto-contenido.

3) Tu alma. Al igual que como ser humano tienes unas características determinadas como el color de tus ojos o de tu pelo, como Alma tienes un punto de vista individual y particular. De hecho, tu alma es un punto de vista de la totalidad de la existencia y de Dios. Tener ese punto de vista hace que percibas la vida y la encarnación de una manera determinada y algunos videntes o sanadores confunden tu punto de vista con la misión de vida. Tu punto de vista es cómo tu Alma percibe, no una labor a realizar. Por ejemplo, un alma puede percibir la transformación a través de la expansión de la compasión. Pero eso es cómo esa alma percibe, no su misión de vida a realizar.

Por estos motivos muchas personas se pasan la vida tratando de averiguar su misión de vida, pagando a videntes para que se las revelen y a menudo frustrados por no encontrarla, porque no les gusta lo que encontraron, o decepcionados por no cumplirla, o tras hacerlo, descubrir que esa no era su misión. Piénsalo, si existiese y la encontraras entonces significa que puedes cumplir con ella y ¿entonces qué? ¿Tras cumplirla tienes que morir?

Una mentira contada un millón de veces no se convierte en verdad, sigue siendo mentira. Creer y crear una misión de vida es construir una fantasía irreal en la que querer vivir y sigue siendo una falsa ilusión. Debes elegir vivir en la realidad no en las nubes.

Debes aceptar y observar ese vacío existencial en tu interior sin tratar de llenarlo con justificaciones sino con tu propia conciencia, estar autocontenido. Entonces el miedo a no saber en la vida deja de doler. Ante las preguntas de ¿por qué estamos aquí? ¿Cuál es el sentido de la vida? La respuesta es: Aquí estás. Ninguna respuesta va a cambiar el hecho de que existes. Sin embargo, la existencia cambia cuando la abraces sin juicios ni preguntas.

Cuando por fin te liberas de esa fantasía recuperas tu libertad y en lugar de preguntar "¿cuál es mi misión de vida?" te preguntas "¿qué quiero hacer?". Y ahora, esa es temporalmente tu meta y objetivo hacia al cual caminar. Eres libre, siempre lo has sido. Tu camino está en blanco como un libro, y tú lo escribes.

Luego, si quieres descubrir cuál es el punto de vista de tu alma, puedes hacer este ejercicio: Presta atención a tu respiración y a tu abdomen, y repite en tu mente o en voz alta *ParamAtma* que en sánscrito significa "más allá del alma". Meditar en esta palabra te ayudará a sentir y a entender cuál es el punto de vista de tu alma.

¿Cómo Percibe el Alma?

Ver, oír, tocar, oler y sentir son exactamente lo mismo.

El ser humano percibe a través de los 5 sentidos: vista, oído, gusto, olfato y tacto. Estos sentidos están activos las 24 horas del día desde que naces hasta que mueres. ¿Te habías dado cuenta? En este momento tu principal sentido activo es la vista porque estás leyendo, pero la realidad es que si prestas atención te darás cuenta de que estás tocando el libro, de fondo oyes el ruido que hay, estás oliendo sólo que quizás no hay algún olor concreto y en tu boca tienes el sabor de tu propia saliva o quizás de un café reciente. Incluso cuando duermes te despiertan ruidos o una arruga en la sábana y tus ojos están viendo el interior de tus párpados, es sólo una parte del cerebro la que se desconecta.

Si no tienes ninguna discapacidad, tus sentidos funcionan siempre. No hay forma de separar un sentido de los demás, nunca puedes sólo ver sin oler, oír, sentir el contacto con tu ropa o saborear tu boca al mismo tiempo. Puedes no estar consciente de ello, pero eso no cambia el hecho de que tus sentidos estén activos. Por tanto, la percepción se convierte en un único evento, una única cosa sucediendo. En este momento no estás solamente "viendo" este libro, lo estás oliendo, saboreando, sintiendo y oyendo. Igual que el color puro es el blanco y al pasar por un prisma de cristal se divide en el arcoíris de infinitos colores, "todo" es sólo un evento sucediendo y tus sentidos lo dividen, como el prisma, en cinco eventos que son tus cinco sentidos. Pero la realidad no son estas cinco divisiones, sino el evento sucediendo en unidad.

Tu alma no tiene ojos, oídos, boca, nariz o manos, por tanto, no puede dividir las experiencias a través de los sentidos. En lugar de eso, lo experimenta todo como una única acción de la que está consciente y que está contemplando. El alma percibe el evento sucediendo antes del filtro del prisma, antes de la división de los sentidos, por tanto, de una forma más cercana a la Verdad, pues está libre de interpretaciones humanas.

Para entender un poco más, piensa en una canción que te encante, una comida que te guste mucho o en tu color favorito. ¿Lo tienes? Bien, ahora trata de recordar en qué momento decidiste que te iba a gustar cada una de esas cosas. ¿Te das cuenta de que no puedes recordar cuándo decidiste que el café o el azul te iban a gustar? El motivo es porque nunca lo elegiste, sucedió.

Tus gustos y preferencias no son decisiones que hayas tomado conscientemente, sino la mezcla de los potenciales. Si en un entorno donde todo es positivo, metes un potencial de algo neutro o un poco negativo, este potencial se tiñe y se transforma en positivo y viceversa. Por ejemplo, recuerda de pequeño un día en la escuela que suspendiste un examen y el profesor te llamó la atención y te mandó a que tus padres firmaran el examen. Al llegar a casa tu hermano adolescente te empujó, el perro del vecino al que le tenías miedo no hacía sino ladrar y ese día tu madre estaba enfadada con tu padre. Ahora, en ese entorno negativo te dieron a comer por primera vez pescado… y desde entonces no te gusta el pescado o las verduras.

En otra ocasión, hubo una canción que no te gustaba nada, pero un día estabas con ese chico o chica que te gustaba, tratando de conquistarle y estabas disfrutando de la compañía y de la velada, estabas sintiendo amor y en ese momento sonó de fondo esa canción que no te gustaba y la persona de la que estabas enamorada empezó a cantarla mientras te sonreía… y desde entonces te encanta esa canción incluso si ya no estás con esa persona. ¿Lo recuerdas?

En ambas situaciones no fue una decisión consciente lo que hiciste, no fue cuestión del sabor del pescado o de preferencias musicales, sino una combinación de todos los potenciales sucediendo en ese momento sin distinción de un sentido o del otro. En estas situaciones tu alma observó la situación de una forma global y declaró "No me gusta el pescado", "Me gusta esa canción" y así sucede cada día con cada evento que vives. Para tu alma ver, oír, oler, saborear y tocar, es una única experiencia, es todo lo mismo sin distinción.

Indraikya quiere decir todos los sentidos son solamente uno. Medita largos periodos de tiempo (mínimo 25 minutos) en este mantra para convertir esta teoría en práctica, entonces empezarás a percibir como tu alma percibe.

Si el alma es el estar consciente, la percepción es la contemplación y consciencia del evento sucediendo como un Todo, en unidad y sabiendo que las experiencias no son ni buenas ni malas sino tan sólo eventos sucediendo, potenciales mezclándose.

Pasión

En el universo todo ama a todo. Sé el universo.

"Estoy enamorado" de nadie o nada en específico como objetivo de ese amor y sin excluir a nada ni a nadie de él.

En la vida hay más amor y pasión que odio y sufrimiento. Hay más gente que te ayuda a levantarte si te caes en la calle de los que te ignorarían. Hay muchas más muestras de amor que de rencor. Más madres y padres cuidando de sus hijos que hijos abandonados. Más enamorados mostrando su cariño, gente apasionada por sus trabajos, perros cuidando de gatos. Gente que te sonríe, que te saluda y te dicen "provecho" al comer. No necesitas estar involucrado personal y egocéntricamente para ver y sentir ese amor, pues está ahí, y estar consciente de él te hace sentirlo como si estuvieses involucrado en cada evento de amor.

Hace tan sólo 75 años casi el planeta entero estaba en guerra (la Segunda Guerra Mundial), hoy tan solo un 5-8% del planeta permanece en guerras, en el resto ya no hay más conflictos bélicos internacionales. Tan solo 15 o 20 años atrás las mujeres seguían siendo tremendamente discriminadas, sin derecho a votar o a un trabajo digno. Hoy en día todos tenemos los mismos derechos y el índice de maltrato de género ha disminuido muchísimo en la mayoría de los países. 5 o 10 años atrás a los homosexuales se les discriminaba, encarcelaba, golpeaba e incluso mataba en la mayor parte del planeta. Hoy son cada vez más los estados y países que permiten el matrimonio y adopción dando exactamente los mismos derechos a todos sin importar su sexualidad. El hambre en el mundo ha disminuido y la seguridad en las calles es mucho más elevada que antes.
Cuando estés estancado en el tráfico, lejos de sentirte enfadado, mira a los coches de alrededor y sé consciente de que alguno de ellos está yendo a trabajar para que tú tengas internet en casa, otro va a limpiar el suelo del centro comercial donde tú compras, otro va a fabricar los muebles que tú utilizas, otro lleva la comida a tu supermercado, etc.

Si objetivamente miras el total de tu vida, siempre has salido adelante incluso de las peores situaciones y casi siempre hubo alguien dispuesto a echarte una mano, quizás no como tú querías que lo hicieran, sin embargo, alguien te ha ayudado en tu vida y lo superaste.

Todo esto no significa que la humanidad y sociedad actual sea perfecta, afirmar eso sería ser optimista extremo. Como sociedad, aún nos quedan muchos pasos por dar, muchas cosas por mejorar y debemos trabajar juntos y esforzarnos para lograrlo, pero las pruebas objetivas te demuestran que vamos bien, que de hecho vamos muy bien. Estamos evolucionando y cada día damos un paso más hacia la consciencia y la compasión.

Abre los ojos y ve el gran equipo que formamos entre todos, colaborando como piezas de un rompecabezas donde cada pieza es importante y fundamental. Descubre la pasión de unos cuidando de otros y viceversa. Y ahora inclúyete, ya que tú también eres una pieza de este gran *puzzle*. Cada día alguien se está beneficiando con tu trabajo, sea el que sea, así que tú también estás colaborando a la mejora y evolución de la humanidad. Contémplalo y permite que tu pasión por querer colaborar con todos explote en tu interior, una invasión interna de belleza y amor por esta vida y sociedad en la que estamos.

Hay amor y pasión, por eso Amo.

Karma

Karma son las acciones que cuidan de ti.

Cada experiencia que vives y cada evento que te sucede vienen generados por tres posibles opciones:

• *Dharma*: Son experiencias originadas desde el alma con el objetivo de aprender y comprender una determinada situación. Metafóricamente hablando, son los deseos y curiosidades de tu alma. Al igual que a veces a ti te apetece ir al cine, a tu alma le apetecen determinadas vivencias así que las manifiesta en tu vida.

• *Karma*: Son las consecuencias de tus acciones previas, no es ni bueno ni malo, tampoco es un castigo o bendición. Tan sólo es el resultado, es la causa y efecto de tus acciones.

• *Prakti*: Son los eventos que suceden porque estamos en la naturaleza. No tienen mayor explicación o sentido, suceden simplemente por estar encarnado. Hay leyes de la naturaleza y éstas nos afectan. No tienen simbolismo. Generalmente son suaves y pasan muy rápido. Son tan sólo el 5% de lo que vivimos.

Con el tiempo y experiencia podrás aprender a diferenciar cuando algo te sucede por *dharma, karma* o *prakti*, al igual que con experiencia puedes diferenciar un buen vino de uno malo. En términos de solucionar problemas, no importa cuál sea el origen de tu malestar porque la solución es la misma en los tres casos: Observar, aceptar y sentir el malestar para que se disuelva. Saber esta distinción te ayuda a comprender que no todo es kármico, aunque sí la mayoría. Entonces, ¿qué es el karma?

En el abecedario español o inglés las letras no tienen significado. La "B" o "G" no significan nada. Sin embargo, en sánscrito y hebreo cada letra tiene un significado. Por ejemplo, la letra "B" significa contener y la "G" expandir. Estos significados están basados en el lenguaje del alma, que no es sino los sonidos universales que de forma natural hacemos. Por ejemplo, cuando estás buscando algo y de repente lo encuentras, de forma espontánea dices "Ah, ahí está"; en sánscrito y hebreo la "A" significa presencia. Cuando algo te duele generalmente exclamas "Uuuu" y la "U" significa lo que sientes o experimentas. Cuando algo es inmenso o muy bello y te sorprende, como los fuegos artificiales, expresas "Ohhhhh" y la "O" significa inmensidad y así sucesivamente con cada vocal o consonante. Así es como se forman los mantras en sánscrito (frases de poder) y por eso son tan eficientes, porque hablan en el idioma universal de la consciencia.

Siguiendo esta explicación, la palabra *Karma* tiene un significado letra por letra. La "K" significa Causar o provocar; la "A" presencia; la "R" significa definir o intenso. Entonces, la silaba "*Kar*" significa causar de forma intensa y presente, provocar una acción; la "M" es la letra del océano, la consciencia o energía, y "*Ma*" entonces quiere decir en la consciencia o energía de forma presente. Por tanto, *Karma* quiere decir: provocar una acción presente en tu energía. Como ves aquí no hay ninguna referencia a castigo, maldad o sufrimiento porque simplemente no lo es. No sólo no es malo, sino que otro significado de la silaba "Ma" hace referencia a la energía femenina de cuidar y proteger, así que podríamos añadir que *Karma* son las acciones presentes que te cuidan. Y esto es mucho más exacto con la Verdad. Tu karma te cuida.

En la vida no existe lo bueno o lo malo, son sólo percepciones basadas en sistemas de creencias, sociales o religiosos. Lo que para una persona puede ser bueno para otra puede ser malo y viceversa. Sin embargo, sí hay algo común en todas nuestras acciones y en lo que todos podemos estar de acuerdo más allá de las creencias. Hay 3 tipos de acciones: 1) acciones que promueven alegría; 2) acciones neutras que no generan nada; 3) acciones que causan sufrimiento. Ahora puedes dejar de lado lo bueno y lo malo y observar las acciones desde esta nueva óptica que es mucho más universal que lo bueno y lo malo.

Cada día, cada una de tus acciones produce uno de los resultados previos: alegría, neutralidad o sufrimiento en ti y en tu entorno. Esas acciones impactan en las personas y en la naturaleza y rebotan regresando hacia ti. Lo que te viene de vuelta en muchas ocasiones no es exactamente la misma experiencia que generaste sino el resultado de tus acciones, lo que regresa es la misma cantidad de sufrimiento o alegría que causaste. Por ejemplo, si le rompes su jarrón favorito a un amigo y sufre, tu karma no es necesariamente que alguien rompa un jarrón tuyo, tu karma es el sufrimiento que tu amigo experimentó. Eso es lo que te regresará, si a ti te dan igual los jarrones entonces no te van a romper un jarrón porque no experimentarías el mismo malestar que causaste, en lugar de eso puede ser que alguien pise tu teléfono y te rompa la pantalla o el retrovisor de tu coche, o algo que tú aprecias tanto como tu amigo su jarrón.

De igual forma si ayudas a alguien y esa persona se siente muy feliz, tu karma no es que esa persona vaya a hacer algo por ti para que tú seas feliz, es que alguien (esa persona u otra) va a querer ayudarte para que tú experimentes la misma alegría que causaste.

El karma es el resultado de tus acciones, sucede de forma literal sólo a veces para que recuerdes y entiendas tus acciones porque la misma experiencia te va a afectar a ti también. Algunos ejemplos simples del karma son: comes mucho chocolate y subes de peso; haces dieta o deporte, pierdes peso; vas a trabajar todos los días, a final de mes te pagan tu salario; faltas un día al trabajo, te lo descuentan; eres muy buen trabajador y tus jefes están contentos contigo y faltas un día al trabajo y tus jefes deciden no descontártelo; tocas con tu mano en una puerta, el karma es el ruido emitido y la sensación en tu mano. De igual manera, si mientes o engañas a alguien, tu karma es que te van a mentir y engañar para que sepas lo que se siente.

El motivo por el cual le tienes miedo al karma es porque crees que sólo es negativo y como sabes que en ocasiones has causado dolor a otros, crees que tu karma acumulado es terrible. Pero ¿de verdad crees que has hecho tanto daño? Probablemente no… y si la respuesta es sí, respira profundo, ármate de valor y acepta pagar tus facturas y consecuencias.

Si en tu vida nada va bien y todo es sufrimiento, debes considerar empezar a cambiar tu forma de actuar, pensar y ser para contrarrestar tu karma y empezar a generar uno nuevo que te genere alegría y no sufrimiento.

Recuerda que cada error que hayas cometido es tan sólo un paso de aprendizaje. No seas duro contigo, pero acepta tu karma sea cual sea.

Todo tu karma es almacenado metafóricamente en "tu cuenta del karma" que llamamos plano del karma, causalidad o experiencia. Ahí parte del karma de sufrimiento se equilibra solo con el karma de alegría a nivel consciencia y no se manifiesta. Pero a veces ese karma sólo se puede compensar a través de experiencias. Entonces se va acumulando ese tipo de karma hasta que es tan denso que colapsa, cae y ahora como ser humano vives esa experiencia. Es por eso que puedes tener al mismo tiempo el karma de ganar dinero y de perderlo. El primero como resultado de tu trabajo y el segundo como resultado de tus abusos.

Por ejemplo, si manipulas a una persona para que esté contigo, en tu cuenta kármica pones potenciales de manipulación en tu contra. Tiempo después vuelves a manipular añadiendo más potenciales de manipulación y así continuas hasta que llega el momento que todos esos potenciales de manipulación son tan grandes que colapsan y en tu vida sucede que te quedas sin pareja, nadie quiere estar contigo y los pocos que te encuentran interesante lo único que hacen es manipularte una y otra vez. Y aquí aparece el otro problema, en lugar de aceptar pagar tu karma, te quejas y huyes creando de hecho intereses en tu cuenta por no querer pagarlos cuando te llegó el momento. No es un castigo, es solamente el resultado de tus acciones previas para que puedas entender lo que le has hecho a los demás y así dejar de manipular en el futuro.

Si por el contrario, en lugar de querer ser el centro de atención y querer captar todo el amor para ti, empiezas a prestarles atención a los demás, a dar amor desinteresadamente para que ellos se sientan felices y amados, entonces estás poniendo karma de amor a tu favor en tu cuenta. Después de cierto tiempo haciéndolo colapsará y en tu vida cotidiana tendrás un montón de amigos y gente que te ame y que quiera estar contigo. Todo porque en lugar de sólo querer recibir el amor de los demás, los haces sentir amados. Todos quieren ser amados, pero alguien tiene que dar ese amor. Sé tú el que inicie el movimiento del amor.

Tu karma va colapsando poco a poco si no haces espiritualidad, o más rápidamente cuando la haces, pues aceptas pagar tus facturas. Si en el momento de tu muerte quedó una cuenta pendiente entonces el karma se queda acumulado y se manifestará en la siguiente vida que tu alma experimente. Esto se debe a que al morir lo que fallece es sólo el ser humano (los últimos 4 planos de tu existencia (cuerpo, plano vital, emocional y mental) pero a tu alma la muerte no le afecta en nada. Tu karma se encuentra acumulado en el alma, en lo que se conoce como plano 5 de la causalidad, por eso se hereda de una vida a otra. Así que es cierto que tienes karma de vidas pasadas, es un hecho. Sin embargo, es un malentendido esa idea de que tienes que hacer regresiones a vidas pasadas para resolver tus problemas.

Si en esta vida tienes problemas económicos, puede ser que una parte se deba a que en otra vida robaste o fuiste avaricioso. Sin embargo, date cuenta y observa que quien está sufriendo problemas de dinero eres tú aquí y ahora. No puedes creer en el aquí y ahora y al mismo tiempo querer ir a una vida pasada a resolver un problema, porque el pasado no existe. Tus problemas no los tiene el ser humano que existió hace 200 años, esa persona no existe, está muerta. Al igual que si en una vida pasada fuiste una vaca, ahora ya no lo eres, tampoco eres aquel ser humano. Los problemas los tienes tú y únicamente eres tú quien debe resolverlos. No culpes a tu karma o a tus vidas pasadas de tus problemas, eso no es responsable. No es necesario hacer regresiones a vidas pasadas. No importa cuál sea el origen de cualquiera de tus problemas, la solución siempre es la misma: aceptar pagar tu karma y si lo haces de forma consciente entonces será más rápido y menos doloroso si es negativo, o más placentero si es positivo. Tú tienes todo el poder para disolver todo tu karma aquí y ahora, sólo necesitas aprender cómo hacerlo con consciencia.

Hay muchas técnicas para resolver y pagar tu karma, pero todas ellas tienen una cosa en común: tienes que sentirlo, abrazarlo y permanecer consciente de él no importa cuánto duela. De hecho, cuanto más consciente estés de él, menos dolerá. Como técnica la más eficiente y rápida que conozco se llama **Integración Emocional** y fue creada por el Maestro budista MahaVajra. Está basada en que la consciencia es el disolvente de cualquier sufrimiento. Por ello debes poner tu consciencia en tu malestar. ¿Qué es esta consciencia? Es prestar completa atención a lo que estás sintiendo, sin drama, y respirar al mismo tiempo. Estar consciente es contemplar algo con un verdadero deseo de querer entenderlo, no importa lo denso que sea. ¿Por qué estar consciente acaba con tu dolor? Porque cualquier sufrimiento que tengas nace de una mala interpretación, malentendido o juicio y prestarle atención consciente trae claridad y entendimiento del problema.

Como resumen, recuerda que tu karma cuida de ti, te enseña a promover acciones que causen alegría y evitar las que causen sufrimiento. Tu karma permite que todo se equilibre para que puedas evolucionar y tener una vida de alegría, virtud y amor.

Si quieres descubrir más acerca de tu karma puedes meditar en el arcángel Tzadkiel, es el arcángel de la Justicia Divina, es el que se encarga de que todo se equilibre. Medita repitiendo su nombre cada pocos segundos durante 20 minutos diarios por 10 días consecutivos. Esto te ayudará a entender tu karma, aceptarlo y que colapse lo más rápido posible, tanto el karma de sufrimiento como el de alegría.

Los 10 Planos de la Existencia

Soy un punto de vista consciente en el Universo.

Algunas tradiciones explican que el ser humano está formado de cuatro planos, otros de cinco, otros de siete, etc. Y luego entran en conflicto y pelean por tener la razón. Estas diferencias se deben a lo que cada tradición percibe y contempla. Por ejemplo, si te preguntan por los colores del arcoíris, contestarías los 7 colores que conoces, pero la realidad es que el arcoíris contiene todos los colores existentes en el espectro de luz y estos colores no están separados por una clara línea, sino que fluyen y van cambiando suavemente. Por tanto, el arcoíris tiene tantos colores como etiquetas quieras poner.

De igual manera sucede con nuestra existencia; nosotros no estamos hechos de 4, 5, 7 o 10 planos o cuerpos separados. Somos un único flujo de consciencia que al igual que el arcoíris va variando en algunas cualidades y, donde esas características son obvias, le podemos poner una etiqueta para un mejor entendimiento. Entonces al igual que el arcoíris, puede tener la cantidad de colores que tú decidas nombrar. Lo mismo sucede con el ser humano, tenemos tantos planos como decidas remarcar.

Entendiendo que somos un único flujo de consciencia o energía, usar un sistema de clasificación te ayudará a comprender mejor tu existencia. El más conocido y aceptado a lo largo de la historia es la división en diez planos o cuerpos.

Comienza observando que existes, que el mundo es real por tanto existe la creación. Si existe la creación entonces debe haber un origen de esa creación. Por ejemplo, si tienes una ensalada en tu refrigerador alguien la tuvo que hacer. De igual forma, no alguien pero sí "algo" produjo la creación. Es lo que llamamos el Creador, Origen o Dios (no una persona). También para hacer esa ensalada alguien tuvo que interactuar con cada ingrediente lavándolo, cortándolo, mezclándolo. Entonces ese Origen también tuvo una interacción con la creación para poder hacerla. Es lo que llamamos la Interacción o la Acción Divina.

Estos son los tres primeros planos de la existencia que forman la primera categoría de los Planos Divinos:

1) Origen o Dios. El inicio, el principio productor de Todo.
2) Creación. Es el resultado de la acción del creador, la existencia, el universo.
3) Interacción. La relación y acción entre el Origen y la Creación.

Estos tres planos corresponden con la Santa Trinidad en todas las religiones. Padre, Hijo y Espíritu Santo para los cristianos; Eheieh, Iah y Iaveh para los cabalistas y judíos; Brahma, Vishnu y Shiva para los hinduistas; Amitabha, Mahastanaprapta, Avalokiteshwara para los budistas; energía, materia y velocidad para la ciencia. La verdad es una y cada persona o religión la percibe desde un punto de vista diferente. En español decimos "agua", *water* en inglés, *acqua* en italiano y *apsa* en sánscrito, pero la sustancia es exactamente la misma. Cuando las religiones se pelean entre ellas, están luchando por el nombre a utilizar, pero la Verdad es la misma en todas.

Una vez que esta consciencia apareció empezó a densificarse y densificarse cada vez más, hasta que por esa densidad cayó de estos primeros planos separándose e individualizándose. Acaba de aparecer tu alma, como un paquete de consciencia individual hecho de esa consciencia universal original. Independiente y autónoma respecto a otras almas.

Ahora esa consciencia individual, es como un niño que desea vivir experiencias, actuar imitando al creador y es así como nace el plano de la Causalidad, también conocido como plano de las Experiencias o el plano del Karma. Y cada una de las experiencias que el alma vive da lugar a una sabiduría determinada, formándose así el plano de la Sabiduría.

Estos son los Planos del Alma:

4) Consciencia individual. Al igual que tú puedes prestar atención, tu alma también puede. Tú estás consciente y tu alma también lo está. Por ello es tu consciencia de estar consciente.
5) Causalidad o Karma. Lo que esa consciencia individual hace y genera. Sus acciones. Tu karma.
6) Sabiduría. El entendimiento y la sabiduría obtenida a través de esas experiencias. Conocimiento es saber que el fuego quema, sabiduría es no tocarlo.

Estos 3 planos forman juntos lo que llamamos tu Alma, que también es conocida como Ser Superior, Yo Soy, tu esencia o tu espíritu. Todos éstos son sinónimos de tu individualidad como consciencia.

Hasta aquí aún no existe tu cuerpo físico, ni tus emociones o pensamientos, no existe materia tangible aún. Es justo a partir de aquí que tu alma continúa densificándose, pero esta densificación ahora llega a un punto límite, a un suelo donde no puede bajar más. Así que no sólo se densifica, sino que se condensa hasta tal punto que esa consciencia esta tan, tan densa que se hace tangible. Acaba de nacer la materia, la naturaleza y tu cuerpo físico como resultado de la densificación, compresión y compactación de tu alma.

En este último proceso primero se forma la mente, hecha de pensamientos, de creatividad para poder producir el resto de la naturaleza. A la mente le sigue el plano emocional que es el motor o la maquinaria que te mueve. Si te das cuenta un pensamiento es mucho más ligero que una emoción, cambiar de pensamiento es fácil, cambiar una emoción es mucho más difícil porque es diez veces más densa. Entonces estas emociones se van densificando un 10% más y aparece el plano vital que no es sino la energía de tu cuerpo. Si acercas tus manos vacías como si sostuvieras una pelota pequeña entre ellas, sin tocar una con la otra y prestas atención, después de unos 15 segundos podrás sentir una bola de energía entre ellas. Si ahora tratas de separarlas despacito sentirás más fuerza que jala de tus manos. Eso es tu plano vital. De igual forma, si pasas tu mano derecha muy despacio por arriba de tu brazo izquierdo sin tocarlo, a unos 8-10 cm de distancia, verás que la sensación de tu brazo izquierdo es como de una caricia. De hecho, al hacerlo estás acariciando tu plano vital, por eso se siente agradable. Este plano energético tiene la misma forma que tu cuerpo físico y sobresale de 8 a 15 cm alrededor. Cuanta más meditación practiques más grande es tu plano vital. La función de este plano es regular tu energía vital.

Por último aparece el cuerpo físico como tal. Es el resultado final del proceso de densificación, como cuando haces una montaña de copas y las últimas de abajo son las que más vino reciben y se llenan del todo. Igual tu cuerpo es una última copa que recibe toda esa consciencia. Es el plano más denso que existe. Es 100 veces más denso que tus emociones y 1000 veces más que tu mente. De ahí que sea tan difícil cambiar algo a nivel físico, no es imposible, simplemente cuesta mucho más trabajo.

Finalmente tienes los Planos de la Naturaleza o del Ser Humano:
7) Plano Mental
8) Plano Emocional
9) Plano Vital
10) Plano o cuerpo Físico

Es a través de estos últimos 4 planos que el alma puede vivir las experiencias y que ese origen del plano 1 se puede encarnar.

Cada uno de tus de tus 10 planos es un punto de vista de la totalidad. Entender estos diez planos de tu existencia te ayuda primero a entenderte a ti y luego a comprender cómo funcionan y fluyen la creación y la consciencia.

La mejor forma de aprender más sobre todos estos planos es a través de la auto-contemplación. Para ello comienza primero con los planos del ser humano ya que son más densos y fáciles de percibir. Sentado/a presta atención sólo a tu cuerpo físico, percibe el contacto con la silla o suelo, observa cómo se siente. Verás que la primera sensación es de calma y paz. Te estás haciendo consciente de tu cuerpo. Una vez realizado este paso avanza y trata de observar y hacerte consciente de la energía de tu cuerpo, después de tus emociones, mente y así sucesivamente. No es necesario tener un entendimiento al 100% de cada plano, sólo respira y en tu mente contempla el nombre de ese plano y en unos minutos comenzarás a percibirlo. Ten paciencia, pues los planos del 1 al 6 son tan sutiles que sentirlos requiere práctica y tiempo, pero lo vas a lograr.

Conecta contigo

Respira, habita, siente, observa

Los cinco sentidos son las herramientas con las que percibimos como ser humanos. Nos permiten identificar qué es lo que necesitamos para sobrevivir, qué es bueno y qué puede ser peligroso. Pero si te das cuenta, todos están enfocados exclusivamente hacia el exterior. No puedes ver tu cuerpo por dentro, no puedes tocar tus órganos internos ni oler tu interior. Esto provoca que cada vez que necesites algo de forma natural lo vas a buscar en el exterior porque es donde tus sentidos te dicen que está "todo".

Imagina la consciencia que tú eres como el agua contenida en una gran piscina. Ésta tiene 5 salidas, que son los 5 sentidos, a través de estas salidas tu consciencia sale hacia el exterior permitiéndote relacionarte con el mundo exterior y vivir. Ahora imagina que sucedería si abres las 5 llaves de esa piscina al máximo 24 horas al día; es obvio que la piscina se vaciaría rápidamente.

Esto es lo que te sucede cuando inviertes toda tu consciencia en el exterior, en el materialismo y en querer llenarte desde fuera. Cada vez que buscas y necesitas que algo del exterior llene tus huecos, te estás vaciando más porque tu consciencia está yendo hacia ese objetivo. Por eso luego sucede que aparentemente lo tienes todo en la vida, pero sientes que te falta algo, te sientes solo y no entiendes el porqué. Entonces la mente pone nuevos retos como cambiar de trabajo, ciudad, pareja, pero son todos remedios temporales. Lo que sucedió es que vaciaste tu piscina y en lugar de crear nueva consciencia en esa piscina tratas de llenarla con el exterior, pero lo que estás haciendo es vaciarla más y quedarte en "números negativos".

Si por el contrario decides cerrar esas 5 salidas para que no te vacíes, a través de rechazar el mundo material, la sociedad en la que vivimos y el materialismo, entonces descubrirás que si encierras agua en un recipiente sin movimiento ni oxigenación se pudre, haciéndote sentir igualmente mal.

¿Cuál es la solución? Como siempre el camino medio, nunca los extremos. Permitir que parte de tu consciencia salga, aceptando y disfrutando el mundo material, la sociedad, las personas con las que vivimos, y al mismo tiempo estar constantemente llenando tu piscina con nueva conciencia a través de la meditación y espiritualidad. El mejor equilibrio que puedes tener es cuando siempre tienes un poco más de consciencia en tu interior que en tu exterior. Este es un buen punto medio donde nunca te sentirás vacío.

¿Cómo saber cómo estás en este momento? Presta atención a tu interior, y déjate sentir al margen de tus logros materiales, al margen de tu vida…. ¿Te sientes vacío o solo? ¿Te sientes insatisfecho? Si es así entonces necesitas auto llenarte un poco más para que ese abandono desaparezca.

Esto se llama estar **auto-contenido**, quiere decir contenerte contigo mismo. Para lograrlo practica diariamente de 5 a 15 minutos el siguiente ejercicio y verás como esos sentimientos de soledad y necesidad van disminuyendo, y se va ampliando tu satisfacción personal.

Se conoce como "Meditación de los 4 estados" y se compone de estos 4 pasos:

1) Respira. Esta es una respiración consciente en la que respiras desde tu abdomen. Al inspirar en lugar de inflar tus pulmones permite que tu abdomen salga, y al expirar tu abdomen entre. Así entra mucho más oxígeno en tus pulmones. Ahora hazlo, pero además permanece consciente de que estás respirando. Siente el aire entrando en tus pulmones, recorriendo tu cuerpo y volviendo a salir. Después de unas cuantas inhalaciones añade el estado de "Estoy consciente de que estoy consciente" en tu mente. Este primer paso te ayuda a relajarte y a entrar en contacto contigo.

2) Habita. Ahora tratarás de habitar tu cuerpo. Para ello imagina que tu cuerpo es el pijama de tu alma y te imaginas tu alma vistiéndose con tu cuerpo. Imagina como tu alma se viste con tus piernas, tus caderas, tu espalda, tu pecho tus brazos y finalmente tu cabeza. Es habitar y existir en tu cuerpo, encárnate. Pon tu intención y fuerza de voluntad y sentirás esa consciencia entrando en tu cuerpo. Este segundo paso te permite encarnarte. La encarnación es cómo tu consciencia y alma entran en tu cuerpo y te hace estar más sano, concentrarte mejor y vivir con mayor intensidad.

3) Siente. Una vez que tu consciencia está de nuevo en tu interior (en tu piscina) es momento de dejarte sentir. Prestar atención a como se siente estar en el cuerpo y consciente. Es disfrutar del agradable baño en esa piscina. No prestes atención ni te enganches con ninguna emoción en particular, tan solo déjate sentir. Este tercer paso te ayuda a conectar con tus emociones y a rellenar tus vacíos emocionales con tu consciencia.

4) Observa. Por último, involucramos a la mente. Si en el paso anterior sentías la sensación ahora toca observar sin juicios, sin ideas, tan solo contemplar la experiencia al completo. Sin ningún pensamiento en concreto, ni tampoco negando los pensamientos. Es como si estuvieras en un mirador en lo alto de una montaña y desde ahí observases las vistas y la ciudad al completo. Este último paso tranquiliza tu mente y llena los vacíos e incertidumbre mentales con tu consciencia, te ayuda a entender y ser objetivo.

"Respira, habita, siente, observa" es la meditación que haces repitiendo cíclicamente cada uno de estos estados por pocos segundos como mantras, hasta que los 4 se convierten en un solo estado: ser consciente.

Con estos 4 estados lograrás volver a generar consciencia nueva y pura para llenar tu piscina de nuevo, sentirte bien y ahora permitir que parte vuelva a fluir hacia el exterior.

Compasión

Hasta el dolor más profundo es una experiencia temporal para aprender.

Una Virtud es un comportamiento noble, puro, basado en la consciencia y en el deseo de promover alegría y bienestar. Mientras que un vicio es un comportamiento que lastima y daña a nosotros o a los demás. Existen muchas virtudes como son la paz, el perdón, la gratitud, la prudencia, la justicia, etc. Buda afirmaba que la Compasión es la más difícil y la más importante a desarrollar.

Esta compasión no podemos definirla con palabras, porque son actitudes, comportamientos y acciones que varían según la situación. Por ello debes contemplarla desde diferentes puntos de vista.

En primer lugar, no confundas la pena o lástima con la compasión. El origen de la lástima es la comparación. Cada vez que sientes pena o lástima por alguien, lo que sucede es que te estás comparando con esa persona y tú sales ganando. Cuando pierdes, ahora te crees el merecedor de esa lástima. Por supuesto a priori no parece así, por eso necesitas observar más profundamente. Cuando dices "Ay, pobrecito señor que no tiene donde dormir" eso es lo que afirmas, pero en tu mente la frase continua así: "…y yo sí". "Pobrecito que no tiene para comer" y en tu mente "… y yo sí". "Pobrecito minusválido que no puede caminar… y yo sí". ¿Te das cuenta? ¿Alguna vez has sentido lástima o pena por un rico multimillonario? Muy probablemente tu respuesta sea "sí, porque todos les quieren sólo por su dinero" y en tu mente "… y a mí me quieren por como soy" y acabas de encontrar algo en lo que eres mejor que el millonario para poder tenerle lástima.

Esta actitud no ayuda absolutamente a nadie, de hecho, sólo empeora las cosas y genera más sufrimiento. Recuerda alguna ocasión en la que quizás enfermaste y tu familia y amigos te tuvieron lástima, tratándote como si fueses inferior, y verás que no te gustó en absoluto. Bien, eso es lo que los demás sienten cuando tú les tienes lástima. Al hacerlo los haces menos pues inconscientemente estás afirmando que no tienen la capacidad o los medios para resolver su problema, lo cual no es cierto.

Compasión es entender que no existe lo bueno ni lo malo y que lo que todos vivimos son experiencias que nos da la oportunidad de aprender y evolucionar a través de ellas. Compasión es dejar de ver sufrimiento donde aparentemente lo hay y en lugar de eso, percibir la experiencia escondida que hay detrás de lo que tú y los demás viven. Con la compasión el drama desaparece y el sufrimiento poco a poco se va disolviendo pues sólo la Verdad puede prevalecer.

Compasión es la cuarta noble verdad del budismo: "No hay sufrimiento". Pero para poder experimentarlo, no puedes negar lo que estás viviendo y tratar de convencerte en tu mente de que no es real, cuando todo te muestra que aparentemente sí lo es. Para llegar a sentir que no hay sufrimiento debes recorrer las primeras 3 nobles verdades: 1) hay sufrimiento; 2) tu sufrimiento tiene un origen, encuéntralo; 3) observa y permanece consciente de ese origen, así estarás recorriendo el camino de la liberación del sufrimiento; 4) una vez que has recorrido todo ese camino ahora descubrirás que no hay sufrimiento.

Cuando te sientes mal y estás en el drama, este es el camino que debes recorrer. Al terminarlo y darte cuenta de que en ese aspecto tuyo ya no hay sufrimiento, ganas la capacidad de ver a alguien en esa misma situación y saber que no hay sufrimiento al final, que sólo debe recorrer el mismo camino que tú hiciste. Esto no significa que vayas a esa persona y le digas "Hey, no hay sufrimiento" porque no te va a entender o va a usar tus palabras para negar el problema. En lugar de eso debes observarle desde la firmeza de que no hay sufrimiento, pero al mismo tiempo entendiendo que esa persona está convencida de que sí lo hay, y entender que debe reconocer las 3 nobles verdades previas.

Es desde ahí que puedes aplicar la compasión y ayudar a esa persona en su dolor, no salvarlo porque entonces no aprendería la lección y la manifestaría de nuevo más adelante, pero una ayuda siempre es buena y bien recibida.

Esta es la complejidad de la virtud de la compasión, porque sólo puedes permanecer en compasión en aquellos temas y situaciones que tú ya has resuelto en ti. No puedes tener compasión hacia un mentiroso si juzgas o te molestan las mentiras. Tu miedo a la pobreza te impide sentir compasión, en lugar de lástima hacia los pobres. No puedes tener compasión hacia alguien enfermo si tienes miedo a las enfermedades. En cada tema que aún no hayas trabajado, tampoco has recorrido los 4 pasos. Por tanto, aún ves sufrimiento en esas experiencias y de forma natural se van a activar la lástima y el miedo en tu interior, en lugar de la compasión.

No juzgues tu actual nivel de compasión, eso no sería compasivo contigo mismo. La realidad es que en muchos aspectos de tu vida eres capaz de permanecer en compasión y en el resto poco a poco vas dando un paso más.

Algunos ejemplos prácticos te ayudarán a entender mejor:

-Si un niño te hace un berrinche en el centro comercial y le prestas atención, entonces lo va a hacer cada vez que quiera algo y va a estar constantemente manipulándote. Sin embargo, la mayoría de las madres lo que hacen es decirles "cuando termines de llorar me avisas y hablamos" y se dan media vuelta para que el niño entienda que esa no es la forma. De igual manera los adultos y tú, tienen esos berrinches y como persona compasiva lo mejor que puedes hacer para ayudarles es observarlos con la consciencia de que no hay sufrimiento y desde ahí tomar la decisión necesaria para que puedan crecer y recorrer su camino y aprendizaje.

-Ante una persona dependiente emocionalmente de las demás, que siempre busca la valoración y aprobación de otros, darle constantes muestras de amor y cariño aumenta su dependencia. No es compasivo. En este caso lo más compasivo que se puede hacer es que, cuando esta persona se le active la adicción por la atención, negársela para que así pueda ver su carencia y vacío interior.

-Un maestro espiritual acostumbraba a acabar todos sus cursos abrazando a todos los participantes porque le gustaba cerrar con amor y compasión. Sin embargo, si tienes esa regla, ¿cómo te vas a dar cuenta cuando a alguien no le caíste bien y está deseando que acabes para irse? ¿Cómo te vas a dar cuenta si entre las asistentes hay alguna mujer que ha vivido abuso sexual y al abrazarle de hecho estás activando ese recuerdo justo al final del curso? La compasión no es una regla, sino permanecer en consciencia, entonces verás como fluye la consciencia y la energía y qué paso o movimiento es el mejor para todos.

Compasión es cuando una madre o un padre hacen que sus hijos coman de forma sana por su bienestar. O tenerles infinita paciencia para manejar sus reproches y quejas mientras están en la adolescencia porque recuerdan que ellos también fueron adolescentes.

Es dar una moneda o hacer caridad ayudando a alguien que lo necesita, no por lástima sino por entendimiento de la experiencia que esa persona está viviendo, sabiendo que lo va a resolver y sólo le facilitas el camino.

Es sonreír a alguien que está triste en la calle para que sepa que también hay alegría en la vida. Es dar un abrazo a quien el abrazo le va a ayudar y negarlo al que se va a hacer adicto.

La compasión en ocasiones parece ir en contra de la buena educación o las reglas sociales. Estas existen porque de hecho la mayoría de las personas no son compasivas, así que todas estas reglas establecen un patrón de comportamiento para disminuir el sufrimiento en la sociedad, pero llega un punto en que se quedan cortas y tienes que desarrollar la compasión más allá de la educación, pues es mucho más profunda y beneficiosa para todos.

Para actuar desde la compasión logra el puro entendimiento de la situación que afrontas para descubrir que ahí tampoco hay sufrimiento y desde ahí observa, ayuda a los demás y a ti mismo/a para que puedan recorrer el camino de la liberación del sufrimiento. Entonces sabrás cómo actuar en cada momento.

Haz lo que tienes que hacer para el beneficio de todos, en ocasiones será ser tierno, amoroso y dulce, pero en ocasiones será ser severo, directo y confrontador. Actúa desde la consciencia y el amor, no desde la inseguridad, miedo o lástima y serás un ser de compasión.

Puedes ayudarte con el Mantra de la Compasión *Om mani padme hum*, recitándolo repetitivamente durante 20 minutos 12 días seguidos. Esta meditación te ayudará a dejar de creer en el drama tuyo y ajeno, así como a lograr mayor consciencia y entendimiento de cada situación que vives.

Interludio 3: Dios es la respuesta

Dios es la respuesta:
No importa cuál sea tu pregunta,
Dios es la respuesta.

No importa cuánto sufras,
Dios es la respuesta.

No importa si no lo entiendes,
Si no lo sientes, si no lo vives
Si no lo ves, si no lo oyes
Dios es la respuesta.

No importa si lo sabes o estás consciente
Ni si quiera importa si estás de acuerdo,
Dios sigue siendo la respuesta.

Observa todas tus preguntas con una mente firme de que Dios es la respuesta hasta que así sea.
Entonces abrirás los ojos, despertarás y no habrá más preguntas. Tan solo verás Dios a tu alrededor.
Entonces mirarás un espejo y verás en él la respuesta: Dios

Dios es la respuesta

Sean todos benditos

Parte 4: Brahma

Brahma *en sánscrito define cómo unimos los conceptos de la Santa Trinidad y todos los aspectos relacionados con lo divino. En esta cuarta parte estudiarás y aprenderás sobre los planos más elevados de tu ser y existencia.*

¿Qué es Dios?

Si tu Dios existe no es el verdadero. Si tu Dios no existe ese es el bueno.

Las preguntas ¿Dios existe? ¿Qué es Dios? son algunas de las más comunes en las personas. Cada religión tiene su propia definición —que con frecuencia provoca más confusión— y estas definiciones incluso han llegado a causar conflictos y guerras. Dios no es algo que podamos encajar en una definición debido a que Dios es precisamente el definidor y no es posible definir al definidor.

Si consideras que Dios es un señor con barba blanca, entonces ¿quién creó a ese señor con barba blanca? De igual forma, si Dios es luz blanca, ¿de dónde salió esa luz? En la Biblia, Génesis 1:3 dice "…Y Dios dijo hay la luz y hubo luz…" este versículo te muestra que Dios no es la luz sino el que la hizo y que antes de que hubiera luz ya existía. Cuando en la Biblia dice "Dios dijo" no es literal que hablara con palabras, ya que Dios no tiene boca porque no es una persona, es una metáfora. Pensar que Dios es una persona (hombre o mujer) es tremendamente arrogante y egocéntrico pues existen muchas otras formas de vida como animales, insectos, plantas, planetas, estrellas, etc., que tienen el mismo origen que nosotros.

Para poder vivir la experiencia de Dios debes dejar ir todos los juicios y definiciones que tienes hasta este mismo instante.

Recuerda todo lo negativo que piensas, te han enseñado, o has escuchado acerca de Dios, todos esos enfados, corajes, reproches… y suéltalos, déjalos ir porque eso no es Dios. Ahora recuerda todo lo positivo acerca de Dios e igualmente déjalo ir pues eso tampoco es Dios, son sólo más definiciones. Si estás convencido de que Dios no existe, no tienes pruebas de ello, así que deja ir esta idea también. Si estás convencido de que sí existe tampoco tienes pruebas, así que déjalo ir también. Vacíate al completo. Si un vaso está lleno no lo puedes llenar. Si tú estás lleno de definiciones, ¿cómo podrás descubrir tu Verdad?

Tras vaciarte de tus definiciones de Dios, si prestas atención en tu interior verás que ahora hay una sensación de incertidumbre, inseguridad y quizás miedo. Este ejercicio a algunas personas les causa hasta pánico. Así como alguna vez inventaste un plan falso para sobrevivir económicamente por miedo, con Dios haces exactamente lo mismo. El pánico e inseguridad te empujan a crear una definición y fantasía de Dios tan sólo para calmar ese temor. Pero esta definición no es real, pues está basada en ilusiones, fantasías, creencias ajenas y opiniones, no en tu propia experiencia.

A Buda se le acercó un discípulo y le preguntó: "Maestro, ¿existe Brahma?" (como llaman a Dios en el hinduismo) a lo que Buda contestó: "por supuesto que no". Posteriormente se le acercó un segundo discípulo y le preguntó: "Maestro, ¿existe Brahma?" y Buda respondió: "por supuesto que existe". Un tercer discípulo se le acerca y hace la misma pregunta, a lo que Buda le contesta: "Ni existe, ni carece de existencia". En los 3 casos Buda estaba diciendo la Verdad, la respuesta a estos 3 discípulos es la misma y es verdad en todos los casos.

El primer estudiante tenía una definición de Dios como un ser humano con 4 brazos y varias cabezas, como lo dibujan y representan en el hinduismo, un dios al que debes rezarle para que te salve sin tú hacer nada más que rezar y eso no es real. Por tanto, ese Dios que esta persona contemplaba no existe. El segundo discípulo sin embargo no tenía estas definiciones, sino que quería saber por el origen de la creación y saber que podemos llegar a entenderlo y experimentarlo, por lo que Buda le contestó claro que existe un inicio u origen para darle una motivación a continuar. Finalmente, el tercer discípulo era el más avanzado de todos y por ello Buda le explicó del camino medio, donde no puedes aferrarte a la definición o existencia de un Dios, ni tampoco aferrarte a la no existencia o carencia de un Dios.

Ante la pregunta de ¿Qué es Dios? lo que verdaderamente necesitas es disolver la pregunta, no reprimirla o negarla, sino ir a tu interior a ese lugar profundo lleno de angustia, inseguridad y temor, y en lugar de tratar de ocultarlo y llenarlo de falsas ideas, permanecer ahí, en la "no-definición". Permanece consciente de la incertidumbre y del miedo, hasta que te hayas adaptado y acostumbrado a ellos y la necesidad de la respuesta desaparezca. Entonces te habrás liberado de los juicios y vas a poder empezar a descubrir tu propia experiencia de lo que Dios es.

Comienza contemplando "Dios es todo". Pero afirmar que "Dios es todo" es una definición porque Dios también es "nada". Afirmar "Dios es amor" es igualmente definirlo. Entonces quita esas definiciones y contempla "Dios es". Respira y déjate sentirlo.

Pero de nuevo esto es una definición porque "Dios también no es". Entonces quita el "es" y contempla sólo: "Dios". Respira de nuevo, siéntelo y verás que hay una sensación de Verdad más pura que antes.

Ahora da un paso más, "Dios" es también una definición, así que quítala también y ahora sumérgete y llénate de la verdadera experiencia sin definición.

Contempla: "   "

Esa es tu verdad.

Conquista tus Apegos

Gracias a los apegos el amor puede fluir.

Un apego es el vínculo que creas con cosas materiales, personas y con tu propia identidad. Es como una cadena que une ese objeto del apego a ti y a través del cual fluye la relación, energía y amor u odio. Algunas filosofías afirman que debes vivir una vida de desapegos materiales y sin vínculos sentimentales. La única forma de hacerlo es aislándote en la naturaleza sin tener contacto con nadie ni nada y eso no es una vida de desapego, sino de represión. Si consideras que el mundo es perfecto en su creación y que existen las personas y las cosas materiales, entonces deben ser para que los podamos disfrutar y experimentar. Dios no cometió ningún error al crear las relaciones, las cosas materiales o nuestra identidad.

Los apegos no son malos, al contrario, es gracias al apego que los padres cuidan, protegen y trasmiten el amor a sus hijos; el apego a nuestra identidad nos hace evolucionar y querer ser mejores personas; el apego a las cosas materiales nos da la posibilidad de vivir una vida de confort y estabilidad física.

La mente del ser humano está acostumbrada de forma natural a pensar en la dualidad exclusivamente, en los extremos. Definimos las cosas como blanco o negro, sí o no, por tanto es tremendamente difícil entender lo que es el camino medio como ese lugar de equilibrio. Tu mente sabe lo que es tener algo (+1) y también sabes lo que es carecer de algo (-1) pero entonces ¿qué es el "0"? ¿Qué es no tener algo, pero tampoco carecer de ese algo? Esa es la experiencia del camino medio y del equilibrio, y la mente no lo puede comprender porque no es lógico, es una experiencia. Debido a esto pasas gran parte de tu tiempo penduleando del +1 al -1, es decir de un extremo al otro, hasta que algún día te canses y decidas aterrizar y parar en el 0, entonces habrás descubierto el camino medio.

Debido a esta dualidad, antes de ser espirituales todos son materialistas que rechazan el mundo divino y espiritual, pues sólo lo material y las relaciones importan. Estas personas están en el +1 en referencia a los apegos. Luego sufren por esta dependencia del exterior y comienzan su camino espiritual, ven cuanta energía y consciencia han malgastado en los apegos materiales y emocionales y entonces rechazan el mundo material, mundano porque "no es espiritual" y desean vivir una vida de desapegos. Ahora están en el -1 y de igual forma sufren por la represión de los apegos y de los deseos.

Ahora que conoces estos dos extremos estás preparado para dar el paso final que consiste en encontrar el punto medio. Para ello tienes que aceptar que por supuesto, cada vez que tienes apegos, parte de tu consciencia y energía se va a través de ellos. Es cierto que cada vez que te apegas comienzas a buscar en el exterior alegría, amor y paz, y que todo lo que obtengas del exterior es efímero y tiempo después deberás encontrarlo en tu interior. Pero tomar del exterior alegría, amor o paz no es algo malo, es como hemos sido creados. Si crees que Dios es Todo y está en todo entonces Dios también es una relación de pareja, un coche, un teléfono, un orgasmo o las redes sociales.

No tengas miedo a "perder consciencia" por disfrutar de la vida "mundana". La consciencia es como el dinero, si no lo mueves e inviertes, lo pierdes. Si no permites el flujo de la consciencia a través de los apegos, tu conciencia "se pudre". En lugar de eso aprende a producir nueva consciencia a través de tu meditación y espiritualidad para que siempre tengas recursos que compartir y utilizar.

Acepta apegarte a todos y a todas las experiencias de tu vida que te aportan alegría o amor de alguna manera, permite el flujo de consciencia. Abraza la vida mundana y material al mismo tiempo. Y aprende a soltar y a volver a ti.

El problema no son los apegos, sino tu orgullo, vergüenza y miedo que te impiden soltar y dejarlos ir cuando llega el momento. Lo que te hace daño es querer agarrarte con uñas y dientes a lo que ya terminó, a veces por dependencia, a veces por miedo al fracaso.

En la vida nada es eterno, todo lo que inicia tiene un fin y este final no es un fracaso, sino el proceso natural y normal de la vida. Por ejemplo, una persona que fallece no fracasó en estar vivo, murió porque es ley de vida y a todos nos pasará. De igual forma cuando pierdes tu trabajo, tu relación de pareja o a un buen amigo, no es un fracaso, es el fin natural de todos los ciclos. No seas duro contigo, acepta que algún día iba a acabar y cuando ese día llegue, suelta y deja ir.

Hay 3 tipos de apegos, el primero es el apego **Material, Físico o a las Posesiones**: es el apego a tus cosas y objetos materiales como tu coche, tu casa, tu reloj, tu teléfono, tu ropa, tu dinero etc. Tiene poder sobre ti porque estás convencido de que son "tuyos", pero en realidad no lo son. No es "tu" casa, es una casa donde vives. No es "tu" coche, es un coche que usas. Naciste sin nada y sin nada te irás al morir.

Conquistar tus apegos es soltar cuando llega el momento. No permitir que ellos tengan poder sobre ti, sino tú permanecer con la maestría sobre ellos. Un ejemplo de conquista de apego material es el siguiente, me sucedió hace algún tiempo:

Un lunes me entregan mi coche nuevo de fábrica, ese mismo viernes un autobús despistado me golpea rompiéndome la defensa trasera del coche nuevo. Al bajarse el conductor, un chico de unos 17 años, empieza a gritarme como si fuese mi responsabilidad. Resultó que el autobús no tenía seguro por lo que procedía ir a juicio o llegar a un acuerdo económico ahí mismo. En ese momento el dueño del autobús recién llegado le dice al conductor "la culpa fue tuya y tú verás si logras un acuerdo, si te lleva a juicio te va a salir más caro porque lo vas a pagar tú, ahí te las arreglas". El chofer regresa sosteniendo en una mano un billete de $200 MXN (unos 15 USD) que sacó del cajero y otros $200 MXN en la otra mano en monedas que le prestaron sus amigos, con la cara totalmente descompuesta y en humildad aceptando su responsabilidad. En ese momento delante de todas las personas que se habían acercado a ver y escuchar les dije: "Este chico no ha hecho nada malo, fue tan solo un accidente y no es justo que tú (refiriéndome al dueño del autobús) lo dejes en medio del problema cuando no tienes seguro y lo hagas responsable. Los accidentes pasan y debes proteger a tus trabajadores."

Luego dirigiéndome al conductor le dije "si me das esos $400 MXN ($30 USD) te vas a endeudar porque no los tienes y no vas a poder pagar tus facturas así que eso no es justo, no has hecho nada malo. En lugar de eso ¿cuánto puedes darme sin que afecte gravemente a tu economía?" "$50 MXN" (3 USD) contestó el conductor adolescente y esa fue la cantidad que acepté porque era lo más justo. Este chico no pagó la totalidad, sino lo que acorde a su edad y nivel podía dar. Ni el chofer ni el dueño del autobús ni las demás personas podían creerlo. Al final el dueño del bus se me acercó con lágrimas en los ojos y me dijo: "Nunca había visto a nadie actuar así, me has conmovido y enseñado como nunca nadie lo había hecho antes." Lo abracé mientras le decía que no existen las ofensas y que todo estaba bien.

Por supuesto no estaba feliz de que me hubieran chocado, pero lo virtuoso era dejar ir mi apego a mi coche nuevo y en lugar de eso tomar la acción más justa para todos. Si un niño pequeño rompe un jarrón caro no se lo puedes hacer pagar completo porque es demasiado duro el castigo. El niño no entiende, así que le haces pagar una parte para que se dé cuenta de las consecuencias de sus acciones. Eso es lo justo. De esta manera también planté una semilla de virtud en todos los presentes.

El segundo apego es el **Emocional o a las Relaciones**: es el que tenemos a cualquier relación que nos aporte cariño o amor como pueden ser las relaciones de pareja, padres, hijos, amistades etc. De todas estas, el mayor reto se encuentra en las relaciones de pareja. De nuevo aquí el mayor problema es creer que "tu pareja" te pertenece, que "tu hijo" es tuyo. Entonces empiezas a quererle controlar y el sufrimiento aparece por esa presión que en muchas ocasiones finalmente estropea y rompe las relaciones. Tu pareja no es tuya y no existe para satisfacer tu necesidad de amor, ni viceversa. Una pareja es una relación de dos personas libres que aceptan compartir una experiencia juntos durante el tiempo en que ambos estén de acuerdo. Nadie te pertenece y nadie existe sólo para ti.

Esto es así llevado a todos los niveles, incluido al aspecto más difícil como es el sexual. Cuando conquistas este apego, nunca más tu pareja te puede poner los cuernos o engañar, como mucho, lo máximo que podría pasar es que tu pareja se acueste con otra persona, pero ya no lo percibirás como infidelidad ni traición, pues a ti no te hizo nada, no cambia nada hacia ti ese evento.

Esto no significa que vayamos teniendo sexualidad con quien nos dé la gana, la fidelidad en las parejas ahorra mucho sufrimiento de enfermedades, niños no deseados, celos. Pero si sucede, debes quitarle el drama y recordar que esa persona no te pertenece. Que a ti no te hizo nada. Hablas las cosas para ver si está enamorado de la otra persona y la relación se acabó o si fue que sus deseos le ganaron y pueden establecer nuevos acuerdos desde el perdón y la consciencia. De nuevo un ejemplo de cómo conquistar este apego:

Tenía una relación en la que me iba a casar en cuestión de unos meses, cuando esta pareja termina conmigo sin darme ningún motivo y negando que hubiera otra persona por medio. Dos meses después me entero de que está viviendo con su nuevo novio con el que ciertamente "me engañaba" durante nuestra relación. Seis meses después ellos rompen y en esos días caminando por la calle me cruzo con el chico con el que aquella pareja me engañaba. Me para y me dice: "Estoy pasando por un mal momento, sé que no tengo derecho a pedírtelo, pero sé que eres terapeuta, ¿puedes echarme una mano?" Y mi contestación fue "por supuesto que sí" y empecé a darle terapia y guía para que pudiera resolver sus problemas sin ningún tipo de resentimiento ni rencor, pues ni este chico ni la persona que fue mi pareja nunca me hicieron nada. Decidí elegir el perdón y la compasión.

De nuevo aquí lo más virtuoso era dejar ir mi apego a esa relación y ayudar a quien lo necesitaba.

El tercer y último apego es el Mental o a la Identidad: Lo conforman tu sistema de creencias y todas las formas en las que a lo largo de tu vida te has ido definiendo y creando tu identidad o personalidad. Si previamente considerabas que era tu coche, o tu pareja, en este apego estás convencido de que tú eres "Tú". De que eres "tu apellido", "tus estudios", "tu nacionalidad", "tu nivel económico" etc. Debido a estas creencias has formado una imagen o identidad de ti mismo y ahora estás dispuesto a hacer lo que sea necesario para defenderla. Pero esta identidad no es real. Tú no eres nada de eso, son tan solo logros y metas que has alcanzado, pero no lo que eres.

Si estudiaste medicina o contabilidad, no eres médico o contable, eso es tan solo tu profesión. Pero no naciste siendo médico ni morirás siéndolo. Tu trabajo y tus estudios no son lo que eres sino lo que haces. No eres español, mexicano o de la nacionalidad donde hayas nacido. Legalmente sí, pero en términos de experiencia, hace 5000 años tu país no existía y dentro de otros 20000 quizás ya no exista tampoco. Dios no creó países y nacionalidades, eso es un invento exclusivamente del ser humano para tener un mejor funcionamiento y poder vivir mejor en sociedad, pero tu perro o gato no se sienten orgullosos de su nacionalidad, les da igual porque saben que no existe.

Creer que eres tu identidad es lo que provoca que te ofendas cuando alguien opina diferente o en contra de tu identidad e ideas. Debes recordar que esa identidad es tan solo algo que usas porque es útil, pero no es lo que eres.

Aquí un ejemplo: Una estudiante rompe con su novio porque le fue infiel y tras 8 meses ambos se echan mucho de menos porque se aman profundamente y a ella le gustaría perdonarle y regresar con él, pero su familia y amigas le dicen que no lo haga porque "debe tener dignidad". Mi consejo fue explicarle que tenía dos opciones: mantener su dignidad alta y sufrir por estar sola y no estar con la persona a la que ama, o eliminar la dignidad de la ecuación y estar con la persona que ama perdonando y restableciendo un acuerdo más firme con su chico.

Cuando sueltas tus apegos mentales y a tu identidad, entonces ya nadie puede ofenderte. Si alguien te llama idiota no te convirtió en idiota por decirlo, y porque te lo digan no te conviertes en idiota. Si al agua le gritas ¡jugo de naranja! no se concierte en jugo de naranja, sigue siendo agua, luego si eres honesto aceptarás que en tu vida a veces has hecho y haces alguna idiotez. Entonces cuando alguien te llame idiota la mejor reacción que puedes tener es "ciertamente a veces hago idioteces, pero también hago grandes y maravillosas cosas". Si quieres ser uno con todo como enseñamos en el budismo, eso implica que debes ser uno, no sólo con lo bonito, sino también con lo feo, es decir ¡hazte uno con la idiotez!

Acepta los tres apegos mientras generan alegría y bienestar para todos. Aprende a soltarlos y dejarlos ir cuando causan sufrimiento. Esto es lo que "Conquistar tus apegos" quiere decir, no los eliminas sino aprendes a manejarlos tú en lugar de que ellos te manejen a ti.

Es como un baile de vals: "Apégate, desapégate, apégate, desapégate…"

Este es un buen ejercicio para identificar y trabajar tus apegos: Comenzamos por el físico porque es el más sencillo. Toma un objeto que no tenga un gran valor económico y que no uses ni sirva para tu trabajo, algo que no afecte a tu economía (puede ser una camisa que te encantaba y ya no te queda, o un florero) y destrúyelo. No funciona regalarlo o tirarlo a la basura porque una parte de ti se justifica en que alguien lo va a usar ahora y no verás tu apego. Debes cortarlo o romperlo para que no haya forma de negar la emoción. Entonces verás las emociones que aparecen, ese es tu apego y ahora lo puedes sentir para disolverlo.

Severidad en la Virtud

Yo Elijo Virtud ¿y tú?

Severidad es hacer tu mayor esfuerzo y ser determinante en algo, en este caso, en ser virtuoso.

No confundas ser severo con ser duro contigo. La diferencia radica en que cuando eres duro contigo te tratas mal, te lastimas y castigas, te estás causando sufrimiento a ti mismo, por lo que eso es un vicio. Así es como caes en el rol de víctima y entras en un ciclo sin fin de autodestrucción. Sin embargo, ser severo es desarrollar un nivel de fuerza de voluntad sobrenatural. Es el deseo de que, sin importar lo que tu mente o tus emociones te digan o griten, vas a tener una voluntad firme y fuerza suficiente para hacer lo que tengas que hacer y permanecer en virtud promoviendo bienestar a todos, tú incluido.

Una virtud es un comportamiento que fomenta el bienestar de todos y evita el sufrimiento. Un vicio es lo contrario, una acción que causa dolor y malestar, un veneno que contamina y destruye. Para permanecer en virtud debes trabajar en tu capacidad de estar consciente y darte cuenta de qué causa sufrimiento y qué genera alegría. La Virtud es la nueva forma de revolución. La palabra "revolucionar" no viene de la idea de guerra o confrontación sino de "re- evolucionar" lo cual quiere decir "volver a evolucionar". La Virtud es la manera en que puedes revolucionarte causando bienestar a todos en lugar de dolor.

Cuando descubras que tienes un problema por resolver, en lugar de juzgarte por sentirte mal o ignorarlo, debes ser severo y decidir resolver tus conflictos y reacciones según van apareciendo, así estarás disminuyendo la duración del malestar y del problema. Ser severo es hacerte responsable de absolutamente todo lo que sucede en tu vida sin culparte nunca de nada. En la culpa hay drama, en la responsabilidad hay soluciones. Así serás severo en la virtud de la Prudencia haciendo tu mayor esfuerzo para sentirte bien contigo mismo.

Por eso, antes de hacer o decir algo deberías preguntarte ¿es esto algo que va a lastimar o beneficiar a los demás? Si la respuesta es beneficiarles a todos, incluido a ti entonces no lo dudes, ve a por ello, hazlo y todos estarán felices de tu acción.

Pero si la respuesta es lastimar, entonces ¿por qué hacerlo? El típico "pero todo el mundo lo hace" no es una justificación para hacer algo inapropiado. Mejor no lo hagas. A ti no te gusta que te lastimen, pues a los demás tampoco. Siempre hay formas de relacionarte, comunicarte y conseguir tus objetivos sin causar sufrimiento a las personas, debes encontrar estas opciones si quieres ser virtuoso.

El gran reto y dificultad con las virtudes es que en tu entorno la mayoría de las personas no comprenden la importancia de esta enseñanza. No entienden aún el gran beneficio de elegir la virtud, así que aparentemente todo te empuja al rencor, a la venganza, al odio y a las confrontaciones. Pero tú puedes marcar esa diferencia y convertirte en un ser virtuoso más, aportando consciencia y luz a la humanidad. Esto quiere decir que la próxima vez que veas a alguien en una actitud negativa debes recordar que esa persona está en el vicio, está "envenenada" y una opción que puedes tomar es darle la medicina para que sane en lugar de darle más veneno.

Por ejemplo, es entender que para tu reírte nadie debería sufrir. Es común el humor basado en la burla, el sarcasmo y la discriminación, pero piénsalo, cuando participas en ese tipo de chistes alguien está sufriendo por ello. A ti no te gustaría ser el objetivo de esas burlas ¿verdad? Pues tampoco a los demás. Sé severo y no aceptes participar en este tipo de humor aunque "todos lo hagan". En lugar de eso, sé creativo y busca la manera de incluir a esas personas en tu entretenimiento y diversión. Elige reírte junto a los demás, no de los demás. Esto es una muestra de cómo permanecer en la severidad de la Igualdad y la Compasión.

Cuando alguien esté muy enfadado contigo y quizás incluso gritándote, no le grites de vuelta, eso es envenenarle más. No hagas caso a las voces internas que quieren creer en el conflicto y la pelea, sino sé severo y haz tu mayor esfuerzo para darte cuenta de que esa persona está sufriendo y permanece tú en paz sabiendo que los conflictos no existen mientras aparentemente sí están sucediendo. Si eres capaz de hacerlo, a la persona delante de ti no le va a quedar otra opción que rendirse y relajarse porque no está obteniendo más veneno para continuar su guerra. Lo desarmaste y le diste la medicina que necesitaba. Es difícil y te va a costar, pero no es imposible, de ahí la importancia de la severidad.

Si alguien te insulta o te critica lo vas a percibir como una ofensa, si le atacas y le devuelves el insulto acabas de envenenarle aún más y no va a tener un buen final. En ese momento debes recordar que si agarras una botella de agua y le gritas "¡jugo de naranja!" no se convierte en jugo sólo porque lo dijiste, ¿verdad? El agua es y siempre será agua sin importar la opinión de nadie. Entonces si te llamaron "tonto" tampoco te convirtieron en uno. Tu esencia no se ve alterada por ese insulto, tonto es sólo una palabra, nada más que eso. Es a tu orgullo al que le duele exclusivamente. Deja ir tu orgullo y te darás cuenta de que nada cambió en tu vida.

Es normal que en tu vida haya personas a las que no les caigas bien y que no estén de acuerdo contigo, en tu forma de ser o de pensar. No pretendas caerles bien a todos porque entonces vas a vivir en función de los demás en lugar de acorde a ti y tus deseos. Una mentira contada mil veces sigue siendo una mentira. Comprende esto y entonces ante ese insulto u ofensa elige perdonar lo más rápidamente a esa persona porque ahora sabes que se comporta así por su insatisfacción y su dolor. No le devuelvas el golpe. Sé severo, permanece en el perdón y de nuevo le habrás dado la medicina a su enfermedad.

Todo esto no es una justificación ante los comportamientos viciosos de los demás, sino más bien un entendimiento de por qué lo hacen. No significa tampoco que debas siempre exponerte a comportamientos o personas viciosas, esto sería faltar a la virtud de la compasión hacia ti mismo. Si una persona te lastima perdónale y en la medida de lo posible trata de hacerle ver que ese comportamiento te causa dolor a ti y quizás también a los demás. Dale la oportunidad de darse cuenta y corregir esa actitud, pero si ves que no está interesado en cambiar y quiere permanecer en ese vicio, aun así debes perdonarle y tenerle compasión. Simplemente toma distancia de esa persona, quizás así se dé cuenta de cómo o por qué pierde a gente de su entorno y descubra su propio vicio.

Otra dificultad para ser virtuoso es querer que los demás también lo sean. Obviamente cuando todos sean virtuosos todos viviremos mejor, pero entiende que no puedes esperar a que ellos elijan la virtud para tú hacerlo. Alguien tiene que comenzar a dar ejemplo e inspirar a los demás. Decide ser tú esa persona.

Perdona a quien no sabe perdonar.
Sé compasivo con los que no lo son aún.
Permanece en Paz frente a los que quieren pelear.
Trata con igualdad a aquellos que quieren discriminar y separar.
Sé severo, elige virtud por encima de todo.

La evolución del alma

Tu evolución y ascensión es inevitable.

Desde que naciste hasta el día de hoy has vivido infinidad de experiencias que te han ido enseñando y ayudando a madurar y a mejorar. Querer evolucionar es una cualidad innata del ser humano, pues así aseguramos la supervivencia y la alegría.

¿Cuáles son los pasos de esta evolución?

Diferentes tradiciones espirituales y religiosas han definido de diversas maneras este camino de evolución espiritual, pero todas tienen muchos puntos en común. Sakyamuni Buda por ejemplo definió 10 pasos o *bhumis* que vamos recorriendo, mientras que MahaVajra contempla 22 pasos llamados *VibhavaPad*. Esta diferencia se debe a que en los tiempos de Sakyamuni no se consideraba a las personas espirituales hasta que habían llegado al primer nivel de "Buscador espiritual". Tampoco se contaba a partir del paso 10 "Nube de dharma", porque en ese punto son independientes. MahaVajra sin embargo explica que todas las personas están evolucionando a diferente velocidad y que, por tanto, todas deben considerarse aunque no tengan una espiritualidad activa aún como tal. En estos 22 pasos del *VibhavaPad* están contenidos los famosos 10 *bhumis* de Buda del paso 4 al 14.

Estos pasos de evolución te servirán de guía para tener una referencia de por dónde estás y cuáles son los retos en cada caso.

Cuando un alma se encarna por primera vez en un ser humano, la mayoría de las veces viene de ser algún animal en la vida previa y los animales no tienen leyes morales o éticas. Su sentido de la propiedad se reduce a "si lo tocas te mato" y a "si lo quiero lo tomo sin pedir permiso". Esto genera que las almas que apenas vienen de ser animales no sepan cómo funciona la experiencia de ser humano y por tanto se comportan como esos animales que siempre han sido, sin respetar las leyes, la moralidad, ni la ética. Son almas sin experiencia aún para entender lo que es vivir en sociedad, sin capacidad de entender lo que es la compasión. Este es el primer paso de evolución, lo llamamos **El Animal**. Vivir de esta manera genera un karma muy duro y eso provoca que después de algunas vidas esa alma acepte seguir las leyes y la sociedad, no porque ya lo entienda, sino porque sabe que no hacerlo duele demasiado.

Ahora esta alma se pasa algunas vidas (no está definida la cantidad, pues depende del alma) siendo lo que llamamos el **Seguidor Gris**, el segundo paso. La cualidad de estas personas es que siguen las reglas y leyes como ovejas de una manada sin nunca plantearse nada fuera de ellas. Este es un muy buen paso pues estas personas ya no generan el daño que el estado "animal" previo genera, como robos, agresiones físicas, violaciones, asesinatos y demás crímenes.

En este punto esa persona ya tiene resuelta su integridad física, es decir su vida no corre peligro y generalmente empieza entonces a ocuparse de su estado emocional y mental. Esto provoca que la persona se canse de ser esa "oveja de la manada" y quiera entender y saber más sobre la vida. No es ser un revolucionario e ir en contra del sistema. Pelear nunca es una solución. Es el deseo de querer entenderse a sí mismo y descubrir que hay más allá del materialismo. Normalmente viene a través de pregunta del tipo "¿qué soy? ¿cuál es el sentido de la vida?" y todas estas cuestiones existenciales. Ahora esta persona acaba de entrar en el tercer paso conocido como **Buscador espiritual**. Se suele caracterizar porque la persona está abierta a muchas formas de espiritualidad y suele absorber sabiduría a través de la lectura y cursos con el profundo deseo de sentirse bien, sentirse feliz, estar en paz y a veces buscar la iluminación. Es como un joven universitario que ahora no estudia por obligación sino por el deseo del conocimiento.

A través de esta búsqueda, la persona se centra en sí misma dejando de proyectar en el exterior y acepta el sufrimiento que hay en su interior decidiendo observarlo y resolverlo en lugar de negarlo. No es crearse dolor, sino resolver el que ya está en su interior. Es el inicio de la terapia de crecimiento personal. Entonces sucede como al dormir, cuando estás soñando y tienes una pesadilla donde un desconocido te persigue mientras estás volando alrededor del planeta y de repente despiertas y te das cuenta de que era un sueño, de que no era realidad. De igual forma en este punto despiertas al drama dándote cuenta de que el drama no es real, pero el sufrimiento sí lo es. El drama es todo el extra, son como "los efectos especiales" de tu película. Cada vez que algo malo te sucede sufres, pero luego le añades el drama para hacerlo más grave, en ocasiones para llamar la atención o simplemente para no afrontarlo, y esto sólo empeora la situación.

Por ejemplo, si tu pareja te deja el sufrimiento por la ruptura es real, el miedo a la soledad es real, pero luego le añades el drama con frases tipo "voy a pasar san Valentín solo" o "mi vida no es nada sin él/ella" etc. Esto es drama, en tu vida ya has vivido sin esa persona lo cual te muestra que si puedes vivir sin él o ella. Cuando eres capaz de identificar y separar tu drama del sufrimiento real entonces estás en el cuarto paso conocido como **Despertar espiritual o "el Alegre"** por la alegría que experimentas al dejar de creer en el drama.

Si ya no crees en el drama y no te dejas convencer o mover por él, ahora ya no tienes miedo a observar y afrontar ningún sufrimiento o dolor en ti. Puede ser difícil pero ya no hay una parte de ti que no quieras ver. En este punto generalmente deseas observar y permanecer consciente de todo tu sufrimiento sin excepción. Hasta este paso las personas sólo hacen terapia cuando algo les duele mucho, aquí quieres descubrirte más y más sin esperar a que el dolor se manifieste en la vida cotidiana, sino buscarlo escarbando en tu interior para encontrar tanto las grandes emociones, como las más pequeñas y sutiles pues ahora sabes la alegría que produce la liberación de cada una de ellas. Este quinto paso es conocido como **El Inoxidable** porque nada te detiene en tu evolución. Ya no hay drama así que ahora nada te para.

Tu estado de ánimo es la suma de todas las emociones que hay en tu interior, cuando hay más emociones de tristeza, ansiedad, depresión etc. entonces tu estado de ánimo es siempre negativo o denso, sin embargo, si en el paso anterior comenzaste a liberar todo ese dolor y malestar, llega un punto donde has resuelto casi todo ese dolor o al menos más del 50% de él. Entonces experimentas un estado de alegría, amor, felicidad casi permanente las 24 horas del día y de vez en cuando algo te empuja fuera de este estado y tan sólo te lleva unas horas o un par de días volver a hacer el trabajo necesario para regresar a este estado de bendición. Es el 6 paso conocido como **Iluminación**.

Todo este sufrimiento que las personas van resolviendo se debe principalmente a la incompetencia y desconocimiento de cómo manejar los tres tipos de apegos. Por tanto, para iluminarse hay que conquistar (recuerda, no eliminar) los apegos materiales, emocionales y mentales. Cuando sucede entonces se experimenta constantemente, no sólo como una experiencia puntual, la verdadera fuente de la alegría y amor que es tu alma. Ahora sabes cómo sentirte bien y feliz sin que nada del exterior intervenga. Comienzas a ser autosuficiente.

Existe la creencia de que la iluminación es sólo posible para algunos "elegidos" o con dones especiales, pero esto en parte es un malentendido, y en parte una forma de control y autoridad por parte de algunos maestros que no saben cómo guiar a sus estudiantes hacia la iluminación por falta de competencia, o por no estar ellos iluminados. Todos los grandes Maestros de la historia han dicho y afirmado que la iluminación está al alcance de todo el mundo y que es inevitable que en una vida u otra lo logres y personalmente estoy totalmente de acuerdo. Por tanto, es totalmente posible que te ilumines en esta vida, sólo debes hacer el trabajo necesario para lograrlo.

Otros consideran que la iluminación es el último paso de la evolución, sin embargo, Buda hablaba de 2 iluminaciones: esta primera iluminación y una segunda iluminación en la que la persona despierta al estado de Buda que corresponderá al paso 16. Otro mal entendido es que las personas iluminadas tienen habilidades sobrenaturales; no es cierto, desarrollar habilidades sobrenaturales requiere practica y entrenamiento en aquellas habilidades que deseas desarrollar y está desvinculado con el nivel de consciencia de las personas. Una persona sin tanta consciencia pero con mucha determinación puede desarrollar habilidades sobrenaturales, por otro lado una persona iluminada si nunca se ha entrenado en ellas no tendrá ninguna. Sin embargo, una persona iluminada las desarrollará más rápido y más profundamente.

El sexto paso, de la Iluminación, es casi el más importante de lograr porque te lleva a vivir una vida de plenitud y alegría contigo y con tu entorno. Y a forma de ánimo, no requiere 10 o 20 años de práctica, con un buen maestro y siguiendo las técnicas de meditación y crecimiento personal apropiadas, muchas personas lo han logrado en tan solo 2 años. Imagina trabajar duro (alrededor de 1 hora diaria) en tus emociones y meditaciones durante 2 años a cambio de una vida de alegría y paz, vale la pena, ¿cierto? Muy probablemente tu carrera te llevó más años y más dedicación diaria. Así que ánimo porque ¡puedes hacerlo!

Estos seis pasos son los más importantes, pues es donde la mayoría de la humanidad se encuentra, y donde la mayor liberación sucede. De forma resumida pasamos por los demás.

Paso 7: **El Radiante**. Toda esa alegría y bendición de la iluminación ahora la irradias y contagias sin hacer nada, a tu entorno, amigos y familia. Ahora te sientas al lado de alguien deprimido y sin tan siquiera hablar esta persona se empieza a sentir mejor.

Paso 8: **Difícil de lograr**. Después de la iluminación, este paso es donde muchas personas espirituales se estancan y en ocasiones no lo logran superar durante varias vidas. Se debe a que en este punto el nivel de bendición y de sabiduría es tan alto que la persona se convence de que "ya terminó" su evolución. Es tan poco y superficial el sufrimiento que hay aquí que el ego le convence de haber terminado todo ya y de ser un buda auto-realizado. Por este mismo motivo suele suceder que esta persona no acepta ya más la guía de un maestro, convencida de ya saberlo todo. Y es precisamente esa arrogancia la que le bloquea en su camino. No han terminado aún, sino más bien están en una adolescencia espiritual, por eso pelean contra sus antiguos maestros.

En ocasiones el alma permanece en este estado varias vidas hasta que llega un punto donde el alma se pregunta: "¿Por qué sigo regresando si me había auto-realizado?". Entonces entra en la humildad de seguir buscando y avanzando en su camino espiritual. Ahora es posible para esta persona soltar y dejar ir su identidad como ser humano y como alma.

Paso 9: **Manifestador.** En este paso empezarás a manifestar tus deseos con tremenda facilidad, en ocasiones te bastará con tan sólo considerar algo para que suceda. Se debe a la gran maestría sobre el ego y la consciencia lograda durante los pasos previos.

Paso 10: **Llegado lejos**. Aquí vivirás una experiencia de desconcierto absoluto. Hasta justo antes de este paso pensabas que habías llegado lejos en tu espiritualidad, pero ahora te darás cuenta de la verdadera lejanía. Es posible que las personas sientan total neutralidad hacia todas las experiencias de la vida, ya no hay las ilusiones humanas de lograr objetivos o metas, pero tampoco hay depresión o tristeza por ello, ni negación de ellas. Es el inicio de la simplicidad de aceptar la vida tal cual es y en ocasiones se confunde con desgana por la falta de experiencia y por el contraste con el drama previo.

Paso 11: **El Inamovible**. Cuando tu nivel de virtud es mucho más poderoso que las trampas de tu ego y prácticamente nada te puede empujar fuera de la consciencia.

Paso 12: **Buena Inteligencia**. Tu mente y tus emociones han sido tan purificadas que eres un ser de gran inteligencia y conocimiento. No sólo la inteligencia humana sino la capacidad de entender la vida y las experiencias.

Paso 13: **Nube de Dharma**. Corresponde con el *bhumi* 10 de Buda. En este punto te das cuenta, no en tu mente como pensamiento, sino como experiencia, de que todo es dharma (sabiduría). Caminas, observas y vives todas las experiencias como sabiduría y dharma fluyendo. Aún no es el estado de buda, pero estás en el camino a convertirte en uno.

Paso 14: **Virtuoso o Arhat**. Si todo es sabiduría, ahora actúas como tal y todas sus acciones son virtuosas hacia todos los seres (no sólo personas).

Paso 15: **Despertar Irreversible**. Hasta este punto toda la evolución previa podría revertirse si no permaneces activo en tu espiritualidad o práctica, es decir si no te mantienes consciente. Todo el trabajo previo ha sido para conquistar los potenciales internos y despertarlos a la virtud. Pero estos potenciales pueden dormirse de nuevo si caes o eliges la inconsciencia. Al llegar a este paso 15 ya no es posible revertir, ya son demasiados los potenciales despertados a la consciencia; hay más potenciales que te empujan a ser virtuoso y a la evolución de los que te empujan a la ignorancia.

Paso 16: **El Despierto o Buda**. Este paso corresponde con la segunda iluminación de la que Sakyamuni Buda hablaba, la que él logró sentado en el árbol Bodhi. Sucede cuando conquistas y despiertas a la consciencia el 50 más 1% de los potenciales de tu mente. La palabra "Buda" quiere decir "despierto" así que es un estado, no el nombre de una persona. A Sakyamuni lo llamaban así porque él estaba despierto, pero ha habido muchos otros budas y hoy en día sigue habiendo muchos en la humanidad.

Parecido a como sucede con la iluminación, algunos creen que el estado de budeidad no es posible para todos sino para los "elegidos" y esto es de nuevo un error. Sakyamuni enseñó que absolutamente todos lograrán el estado de budeidad, pues la evolución es inevitable. Lo mismo afirmaba Jesús y en la actualidad MahaVajra opina igual. Contémplalo: si desde que naciste hasta hoy has estado evolucionando cada día un poco, ¿qué te hace pensar que no podrías continuar y llegar primero a la iluminación y luego a convertirte en un buda? Recuerda que no existen seres especiales o mejores que otros. Nadie te va a salvar. Ningún Maestro o Gurú puede darte la iluminación porque es un trabajo personal. Por mucho que ames a un niño, no puedes caminar por él, el pequeño tiene que dar los pasos por sí mismo. Igual tú, eres el único que puede dar tus pasos espirituales.

Cuando despiertas a que eres Buda ahora ya no mueres, sino que experimentas la ascensión. Aparentemente puede parecer igual porque tu cuerpo dejará de tener vida, sin embargo, tu alma en lugar de reencarnarte puede elegir permanecer ascendido y crear tu propio mundo o puede decidir regresar y encarnarte para ayudar a otros seres a lograr la ascensión. Existen ambos casos, por ejemplo, Buda permanece ascendido mientras que el actual Dalai Lama decidió regresar para ayudar a otros. Ninguna decisión es mejor que la otra, algunos deciden ayudar como seres ascendidos y "tirar" de nosotros hacia arriba, otros deciden ayudar como maestros físicos y encarnados con los que podemos interactuar.

Cuando las personas llegan a este punto son consideradas como "autorealizadas" pues ya su ascensión está garantizada. Los siguientes pasos del *VibhavaPad* se alcanzan en función del porcentaje de potenciales que despiertes por encima del 51% en tu mente, emociones, energía y cuerpo.

Paso 17: **Entrenador de Gente**. En algunas tradiciones antiguas se conoce como "Entrenador de hombres" pero esto puede causar el malentendido de que no es alcanzable o enseñable a mujeres lo cual no es cierto, por ello es más preciso llamarlo "entrenador de gente", donde tanto hombres como mujeres están incluidos. En este punto, como Buda que ahora eres, todo lo que haces sirve para guiar, ayudar y entrenar a las personas en su evolución. No es que el entrenador de gente esté pensando en enseñar, es que la enseñanza siempre está sucediendo. Todas tus acciones causan enseñanzas, pero tú no tienes ni importancia ni control. En lugar de considerar "estoy comiendo" experimentas "la comida está siendo comida" sin referencia ni importancia al que se la está comiendo. De esta forma el entrenador no "enseña", la enseñanza está sucediendo.

Paso 18: **Cuidador**. El poder y la experiencia de la Unidad es tan presente y obvia que de hecho dejas de existir y percibirte como ser individual. La creación no es millones de componentes unidos sino una única realidad la cual es cuidada. Sin referencia a quién o qué se cuida.

Dios cuida de toda su creación. Tú eres Dios, por tanto, todo es cuidado, tú incluido.

Paso 19: Honrado por el Mundo. Ahora estás hecho de tanta luz, tienes tanta presencia divina que de forma natural las personas comienzan a rezarte porque experimentan que rezarte a ti es lo mismo que rezar a Dios. El honrado por el mundo no necesita las oraciones, de hecho, ni siquiera las pide o exige, tampoco las rechaza, sino que acepta con simplicidad lo que suceda. Esto es lo que causa que las personas comenzaran a rezarle a Buda, Jesús, Krishna, etc. Es importante que recuerdes que no debes depender de nadie, ni siquiera de tu maestro. El fanatismo no es bueno pues elimina la libertad de las personas. Al igual que si tienes una caries vas al dentista, pero no lo adoras, cuando tienes dudas espirituales o quieres inspiración divina vas a tu maestro. No te permitas caer en adoración o fanatismo. Un buen maestro espiritual te explicará esto para que sepas que la gratitud y el cariño hacia ellos son buenos, pero que siempre eres tu propio maestro.

Paso 20: Así Venido o Tatagatha. El ser de simplicidad absoluta. Todo es simple por tanto ya no hay simplicidad. Es el abrazar cada evento al 100%.

Paso 21: El Gran Ser o MahaSattva. Te conviertes en la encarnación del universo y no hay más un "Yo". Tú no eres el gran ser, sino que Todo lo es.

Paso 22: Encarnación Divina o Avatar. Ahora eres una encarnación divina. Es cuando logras despertar no sólo en la mente sino también en las emociones y en el cuerpo el 50% más 1 potencial. Ahora ese ser es prácticamente divinidad pura. Este es el caso por ejemplo de Jesús, él conquisto más de ese 50% de sus potenciales, lo que le permitió ascender con su cuerpo incluido como forma de enseñanza, porque su cuerpo estaba también despierto como lo estaban su mente y sus emociones. Si recuerdas los 10 planos de la existencia, en este punto están despiertos a la Verdad el 50% más 1 potencial de todos ellos a la vez. Cuando esto sucede ahora sabes y vives que toda la naturaleza está y siempre estuvo despierta. Todo es Avatar.

El nivel de consciencia en este punto es tan elevado que con frecuencia es demasiado para la naturaleza y la sociedad, y ambos reaccionan en contra. Por ejemplo, si un día de frío sale el sol suave, tú sensación es "ah, qué agradable solecito". Pero ahora imagina tener el sol justo delante tuyo, cegándote por completo y quemándote constantemente, entonces sentirías que es demasiado y querrías ocultarte del sol y taparlo. Algo así es lo que en ocasiones sucede ante estos seres. Son demasiado puros para la naturaleza y la humanidad. Afortunadamente la humanidad está evolucionando y cada vez acepta más a estos seres sin tanta reacción.

Estos son los 22 pasos o *VibhavaPad* en los que todos los seres están y que van a recorrer. Muy probablemente te hayas reconocido en algunos de estos pasos, es probable que hasta donde te sonó familiar es donde estés en este momento. Nunca estás en un solo paso o nivel, sino que experimentas al mismo tiempo uno o dos pasos por debajo y uno o dos pasos por encima. Para indicarte tu nivel hay que observar tu nivel de consciencia cuando nada malo te está sucediendo, ya que cuando meditas aumentas tu consciencia y cuando sufres disminuye. Por eso lo miramos en los momentos de neutralidad. A través de tu práctica espiritual y del crecimiento personal es que logras experimentar los pasos siguientes a donde estés.

Usa esto no como misión de vida u objetivos a lograr, sino como una referencia. Recuerda que la evolución no es una montaña que escalar y terminar, sino un camino a recorrer, un paso más cada día. No hay metas, no hay objetivos.

Unidad

Observa a las personas, plantas, animales. Tú también eres eso. Somos uno.

La Unidad es una de las experiencias y enseñanzas budistas más conocidas. Es despertar y experimentar que eres uno con Todo. Las primeras veces que sientes esta unidad va acompañada de una explosión de bendición, una mezcla muy intensa de amor-alegría a la que poco a poco te vas acostumbrando y adaptando, y finalmente se convierte en una Verdad que vives casi constantemente.

Desde el punto de vista del ser humano no somos uno. Cada persona tiene su cuerpo, su mente y sus emociones diferentes y separadas. Somos seres independientes. Desde el punto de vista del alma sucede algo parecido. Cada alma, como ya has aprendido, es individual e independiente, por tanto, tú tienes tu propia consciencia individual separada de las demás almas. La experiencia de Unidad sucede en el nivel divino, en concreto en el plano 3 del Espíritu Santo o Interacción. Es cuando accedes a ese plano que despiertas al hecho de que eres uno con Todo.

¿Por qué sucede en los planos divinos? Imagina por un momento, aunque no sea posible, que todas las personas fuesen mujeres, que no existiesen los hombres. Entonces las palabras "femenino" y "masculino" no existirían. No hablaríamos de hombres y mujeres porque las mujeres serían lo único que existiera y no sería necesario nombrarlas, sería obvio porque sería lo único. En nuestra realidad, usamos las palabras hombre y mujer para hablar y referirnos a esa diferencia aparente entre ambos.

Si trasladas esta metáfora a Dios, el Creador, en su origen está totalmente solo, en el plano 1 de existencia que es el origen no hay nada que no sea el Dios, por tanto, no hay Unidad porque es lo único que hay. Ahora recuerda que ese Dios u origen no es "algo" o "alguien" sino es la vacuidad, el vacío justo antes de que la creación sucediera, por tanto, aquí no puede haber unidad porque de hecho sólo hay vacío. De ese vacío surgió Todo, es el plano 2 de la creación o el Hijo. Entonces pasamos de que sólo hubiera vacío a que ahora sólo está Todo como la única cosa, así que de nuevo no puede haber unidad porque no hay cosas diferentes a las que unirse. Si miras tu cuerpo en el espejo ves un solo volumen, no un montón de partes. Es a partir del plano 3 que la unidad sucede porque en ese momento, metafóricamente hablando, el espíritu santo mira hacia arriba y descubre el Todo y el Vacío, y en ese momento se da cuenta que Todo y Nada son lo mismo, por tanto, la Unidad sucede. Ese todo de la creación sigue siendo Dios. Por debajo del plano 3, del 4 al 10, la separación es tan grande y el ego está tan presente que no hay consciencia de la Unidad. Por eso para percibirla es fundamental que puedas observar desde ese plano 3 de la interacción.

Esto es lo que sientes cuando vives la Unidad, en ese momento ves a personas aparentemente diferentes, árboles, animales, casas, coches... y eres consciente de que no son muchos componentes diferentes y separados, sino que todos ellos son una única experiencia en la cual tú estás incluido. Todo eso forma un solo cuerpo en lugar de muchos componentes. Te sientes uno con Todo y tu corazón vive una experiencia de Bendición ante ese amor y alegría de la creación.

Para ayudarte a vivir esta profunda experiencia de Unidad necesitas contemplar todo aquello que en tu vida separas, y buscar el origen de esa separación que pones para regresar al punto de unión entre ambas experiencias. Debes resolver tus juicios hacia ambas experiencias para que a través de la observación consciente encuentres el punto de unión en cada situación.

Por ejemplo, no hay diferentes colores de piel, no existen las personas blancas, negras o amarillas, sino que todos son una única cosa: Seres humanos. No existen personas homosexuales, heterosexuales, bisexuales o transgéneros, sino que tan solo existen Seres humanos con deseos de vivir el amor y la sexualidad. Detrás de religiones aparentemente diferentes siempre está la pasión por Dios. No hay países o nacionalidades diferentes sólo hay seres humanos que viven en diferentes lugares. No hay una vida espiritual y una vida mundana o material, tan sólo está la Vida. No existe lo bueno y lo malo, sino que todo es experiencia.

Trabaja en tu egocentrismo para dejar de mirar exclusivamente a ti y a tu vida, para que puedas empezar a estar consciente de todo lo que te rodea, de la gente en tu entorno. Si vas en autobús a tu trabajo vas con un montón de gente alrededor y quizás consciente de ello, pero si por ejemplo vas solo en tu coche, completamente ignoras al resto sin darte cuenta de que hay miles de personas contigo a tan solo un coche de distancia. Pero porque vas encerrado en la burbuja de tu coche te pierdes la oportunidad de vivir la experiencia de unidad mientras conduces. ¿A cuánta distancia tiene que estar la otra persona para que dejes de considerar que está contigo? ¿Es necesario que le conozcas?

Al conducir, ir en autobús o metro observa a las personas y contempla que alguno de ellos está yendo a trabajar para que tú tengas internet en tu teléfono, otra persona quizá es la que te va a servir el café, otro de ellos es el que construye las sillas donde te sientas y así sucesivamente. Cada una de esas personas están colaborando con otros como infinitas piezas de un rompecabezas por el bienestar de todos. Ahora inclúyete tú también, eres una de esas piezas y con tu trabajo sea cual sea están ayudando a todos.

Cuando vives en Unidad nunca más estás solo porque siempre eres consciente de las personas que están en la mesa de al lado en el restaurante o en el pasillo de atrás en el supermercado o en el edificio de enfrente de tu casa porque todo es Uno y tú eres parte de ese Uno fluyendo.

Observa tu cuerpo formado por millones y millones de células, y siente como estas células no son algo individual, sino que juntas forman tu cuerpo como un único ser. Permítete sentir esa unidad en tus células. Ahora de igual forma contempla a todas las personas, tanto conocidas como desconocidas, y siente cómo no son millones de personas individuales, sino que juntas forman un único ser que es el "Ser humano". Y aun ve más allá, contempla todas las formas de vida y despierta a que no son individuales, sino que forman un único ser que es el "Ser sintiente" y éstos junto con los planetas, estrellas, sistemas solares, galaxias, etc. forman un único ser que es la Creación. Desde el átomo más pequeño de tu cuerpo a la totalidad del cosmos, todo es una única experiencia de una única cosa: el Todo.

Ejercítate en estar consciente de las demás personas, aunque aparentemente haya cierta distancia o separación física. Condúcete con la consciencia de que tú y las personas delante, detrás y a los lados son como esas células de un único Ser que existe y en el cual tú estás incluido. Mientras caminas por la calle, manejas, mientras comes con tus compañeros o familia mantén en tu mente esta frase: "Consciente de todo y de todos". Haz este ejercicio el tiempo que desees, preferiblemente a diario y verás el cambio en tu percepción global.

Todo es Uno.

Ilusión vs. Realidad

Por bonita que sea una fantasía sigue siendo irreal, elige la verdad.

Tú tienes tu forma de ser, de pensar y de actuar. Todo esto marca y define tu percepción de la vida. Y aunque te cueste aceptarlo, estás convencido de que tus formas son las mejores que hay. La prueba está en que, si supieses una mejor forma de hacer las cosas o de expresarte, cambiarías automáticamente a esa mejor forma, ¿verdad? Por tanto, eso significa que en este momento crees hacer las cosas de la mejor manera posible.

Esto provoca que a priori siempre creas que tienes razón y que tu percepción es la buena en cada situación. Sin embargo, observa que a lo largo de tu vida has cambiado de forma de ser y de creencias porque descubriste algunas mejores. Entonces, ¿qué te hace pensar que la actual es la verdadera y la definitiva? De hecho, no lo es. Es la que tienes en este momento presente hasta que descubras una mejor que te cause más alegría que la actual, entonces te convencerás de que esa nueva es la definitiva hasta que de hecho vuelvas a cambiarla.

Todas estas creencias forman tu percepción y desde ahí observas la vida. Tu percepción por tanto es como un filtro o velo que tiñe la realidad de acuerdo con esa percepción. Si este filtro es verde, entonces percibes la vida con un ligero toque verde. Si tu filtro es negativo o positivo entonces percibes la vida con pesimismo u optimismo. Pero en todos los casos no es la percepción pura de la realidad, sino que siempre está teñida por todos estos sistemas de creencias.

¿Cómo diferenciamos una ilusión de la verdad?

Hay varias formas, una de ellas es a través de la identificación de los "síntomas" que se manifiestan en tu vida. Estos síntomas son los hechos que te pasan y que por tanto son innegables. Cuando algo desagradable te sucede, de forma automática lo cubres con tu velo de ilusión y percepción para hacerlo más o menos intenso dependiendo de tu forma de ser y de si se activa el victimismo o el orgullo. Eso no es ser objetivo. Eso es crear una ilusión o fantasía en tu mente y decidir creer la fantasía en lugar de la realidad. Creas estas fantasías en la mayoría de las ocasiones para evadirte de tu vida actual, otras veces porque deseas mucho vivir una experiencia determinada. Tener ilusión por algo que quieres hacer está bien y debes trabajar para lograrlo. El problema es cuando te convences de que esa ilusión es la realidad, pero aún no lo es, puede ser todo lo bello que quieras, pero sigue sin ser real. Entonces vives en un mundo de ilusión que sólo contamina y enferma tu mente y tus emociones.

Por ejemplo, puedes convencerte totalmente en tu mente de que no tienes ningún problema con la autoridad, pero si luego tus jefes te tratan mal constantemente o si te despiden con frecuencia por problemas con ellos, es obvio que tienes un problema con la autoridad. La ilusión es convencerte de que todo está bien, cuando los síntomas son que siempre tienes problemas con ellos. Otro típico caso es justificar de muchas formas que no tienes juicios hacia el dinero, pero si tienes dificultades económicas es obvio que aún tienes algo sin resolver en este tema.

Debes decidir dejar a un lado la fantasía que es creada por el ego y la mente y en lugar de eso observar los síntomas, los hechos que están aconteciendo de forma objetiva, para analizarlos y así poder encontrar las soluciones adecuadas.

Los síntomas y los hechos de tu vida nunca mienten, si quieres una pareja y no encuentras, eso no es una ilusión, es un hecho. La ilusión es justificarte que estás mejor solo que "mal acompañado" o que "todos los hombres/mujeres son iguales" cuando en realidad echas de menos el contacto, el cariño y la sexualidad. Cuando te mientes a ti mismo con falsas ilusiones hay como una vocecita que sabe que es mentira, pero no la quieres escuchar porque tu fantasía es más bonita. La verdad y los hechos tienen un sabor a realidad que la fantasía no tiene.

Esto es lo que Buda quería decir cuando explicaba "Todo lo que percibes es una ilusión", él nunca dijo "todo es una ilusión sucediendo en tu mente". Buda hacía hincapié en que el problema es tu percepción; es tu forma de percibir lo que es una ilusión. Es obvio e innegable que tú estás vivo y que existes, y no tiene sentido pensar que todo está sucediendo en tu mente y que todos estamos de acuerdo para que suceda de la misma forma y en el mismo momento. Eso no es verdad. Existes, tienes un cuerpo que puedes tocar. La ilusión es cómo percibes y defines la realidad.

Un ejemplo para que lo entiendas mejor es contemplar tus sueños al dormir. En ellos aparecen un montón de personas, algunas conocidas y otros desconocidos. En esos sueños esas personas son representación de diferentes partes de ti. Si en tu vida real tu hermana es quien siempre te apoya, cuando en un sueño te quieres hablar del apoyo, entonces tu hermana aparecerá. El sueño no tiene que ver con tu hermana, sino que es un símbolo en el 95% de los casos. Sólo un 5% sí es sobre ella.

Cuando despiertas, el sueño y los personajes desaparecen porque eran una ilusión en tu mente, tan sólo representaciones subconscientes. ¿Quiere esto decir entonces que los sueños no son reales? No, sí son reales, pero lo que sucede en el sueño no lo es. El hecho de que sueñas es real, pero el hecho de que alguien te esté persiguiendo mientras tú vuelas en la luna no es verdad. El sueño es real, lo que sueñas es la ilusión.

Sin embargo, en tu vida cotidiana, cada vez que tienes un despertar espiritual, el mundo y las personas no desaparecen, ¿por qué? Porque en nuestra realidad cada ser humano y cada ser vivo son como un personaje en el gran sueño de Brahma (Dios).

Toda la existencia y el universo están sucediendo en la mente de Dios, no en la tuya como ser individual y separado, esa es la confusión de algunas personas. El Creador está dormido soñando y cada uno de nosotros somos uno de los personajes de su sueño. Por eso de igual manera que si en tu sueño un personaje despierta tú no despiertas, en la vida real Brahma no despierta cuando uno de sus personajes despierta.

Es necesario que la mayoría de los personajes despierten para que Brahma.

Somos un personaje sucediendo en la mente y el sueño de Brahma y cuando la mayoría despierten Brahma despertará dando lugar a su "día" y posteriormente a su "noche" creando un nuevo sueño.

¿Significa entonces que todo es una ilusión y es falso? No, al igual que tus sueños son reales pero los hechos que suceden en tu sueño no lo son, tu vida y tú son reales. Ese es tu error de percepción, cuando alguien te ofende o te insulta, cuando te sientes traicionado, cuando te molesta que te mientan etc., ese es el contenido del sueño, la ilusión, no la realidad.

Al igual que al dormir cada personaje de tu sueño sigue siendo tú, en el gran sueño de Brahma (Dios) cada personaje es Brahma igualmente. Por tanto, tú eres Brahma en la forma de uno de sus personajes y cada persona con la que interactúas también lo es. Entonces, si todos somos ese Dios, ¿cómo puede haber conflictos y ofensas? Esa es la ilusión. Despierta de esa ilusión y estarás ayudando a Brahma a despertar.

Si en el mundo todo estuviese hecho de piedra, las piedras no existirían pues sería lo único que habría. Si todo es ilusión entonces la ilusión no existe y todo es Verdad.

Despierta.
Buda

Amor

Eres amor autocontenido en tu cuerpo.

El amor en su origen universal y divino no tiene ninguna definición ni objetivo. Dios no ama más a una persona que a otra. No ama más a un niño que a un adulto o anciano. No ama más una forma de vida que otra. Sino que todo lo que experimenta es amor indefinido hacia la creación al completo, sin separación o distinción.

Es de esta manera que el mundo fue creado. De este origen divino comenzó a salir amor y éste se fue densificando poco a poco. Cuanto más se densificaba el amor, más lejos estaba del origen, por tanto, más separación y sufrimiento experimentaba. Así continuó hasta el momento en que alcanzó el equilibrio perfecto entre amor y sufrimiento. En ese punto la densificación paró porque más de eso sería demasiado sufrimiento para la cantidad de amor. Es en este lugar donde la naturaleza y el mundo tangible aparecieron. Es donde nosotros existimos.

Tú eres el resultado de esta densificación de amor que paró justo en ese instante de equilibrio, sin embargo, en tu interior aún está ese impulso original de la creación de querer recibir más y más amor y no querer dar amor de vuelta. ¿Puedes darte cuenta de que te encanta que te amen, pero te cuesta amar por miedo? Pero ¿qué sucede si continúas recibiendo y acaparando el amor? El resultado es que te densificas por debajo del punto de equilibrio cayendo en una vida de mayor sufrimiento que amor y alegría, es decir, tristeza, depresiones, ansiedad y soledad.

Usando una metáfora, imagina que tienes una garrafa de plástico vacía de 20 litros de capacidad y la pones bajo una cascada de agua. Según se va llenando de agua va pesando cada vez más, una vez que se llenó, ya no cabe más. Tratar de meter más agua sólo va a romper y destrozar la botella por la presión. Ahora esa agua, si no sale y fluye, se queda estancada y comienza a pudrirse.

Una de las principales causas de las depresiones es esta necesidad de ser amados y querer acumular el amor sin darlo de vuelta. Contempla con honestidad cuántas veces has exigido que te amen incluso en ocasiones hasta tomándolo a la fuerza. ¿En cuántas ocasiones le reclamas a tus padres, pareja o hijos que te quieran? Y no sólo que te quieran, sino que lo hagan como tú quieres, sin ni siquiera aceptar cómo ellos lo pueden hacer. Entonces te decepcionas y en lugar de observar tu avaricia, lo proyectas culpándolos a ellos y terminas sintiéndote abandonado… acaba de iniciar tu paseo por tu propio infierno. Esto es lo que provoca que tantas personas afirmen que "amar duele" lo cual no es cierto, lo que duele no es el amor, sino el exceso de densificación por la avaricia de querer más y querer controlarlo.

Si descubres que eres así, no eres una mala persona, es así como has sido creado, pero ahora sabes que seguir exigiendo e incluso tomando el amor a la fuerza es precisamente lo que te empuja a tu malestar y dolor. Toma ahora la decisión de revertir el proceso y en lugar de exigir el amor comenzar a darlo de vuelta.

Siguiendo con el ejemplo de la garrafa de agua, imagina ahora que le cortásemos la parte inferior dejando el recipiente con un agujero de entrada y otro de salida, entonces puedes ponerlo eternamente debajo de una cascada de agua infinita y no importa ni la cantidad ni la presión del agua, este recipiente es capaz de tomar toda el agua y al mismo tiempo dejarla fluir de nuevo hacia el exterior. Así la garrafa permanece siempre llena de agua limpia y pura. Eso es lo que debes hacer contigo mismo, cortar "tu base", tu avaricia por el amor, y dejar que fluya de forma natural. Entonces descubrirás que permaneces siempre lleno de amor puro.

Al igual que tú quieres que te amen, todas las personas de tu entorno también, así que ahí andan todos queriendo ser amados, pero no dispuestos a convertirse en el dador y quejándose al mismo tiempo de la carencia de amor que tienen en sus vidas. Sé tú esta persona decidida a revertir el proceso. Supera tu miedo de que se pueda acabar y te quedes sin amor. Devuélvelo, especialmente todo aquel que tomaste a la fuerza. Si sientes que en tu vida la gente se aprovecha del amor que das, muy probablemente es tu karma por todo el amor que robaste en el pasado. En lugar de quejarte acepta pagar tu factura, para equilibrarte y poder comenzar a fluir desde cero.

Si quieres tener más amigos o si quieres encontrar pareja, el truco está en dar amor. Son millones de personas que desean ser amadas, ama y de forma natural ellos querrán estar con "el que da" como amigos o parejas y todos serán más felices.

Esto no quiere decir que rechaces el amor cuando te llegue. Si recibes amor debes aceptarlo y al mismo tiempo seguir dando. Dios en su origen está solo, nadie le ama y no sufre por ello, sino al contrario, Dios es esa fuente infinita de amor fluyendo. Si quieres ser como Dios entonces imítalo y da ese amor en lugar de quedártelo.

Recuerda algún momento en el cual diste amor de forma totalmente desinteresada y alguien se sintió profundamente amado por ti. ¿Puedes darte cuenta de la alegría que sentiste al amarle? Ese es tu premio al dar amor. Cuando amas, lo que la vida te devuelve es alegría y satisfacción por ser el causante de esa experiencia de amor.

La fuente del Amor puro de la creación es el amor "indefinido", no es el conocido "amor incondicional", pues éste de hecho está condicionado a la persona objetivo de ese amor. Por ejemplo, si amas incondicionalmente a tu hijo y otro niño le golpea, ¿sentirás amor incondicional por ese otro niño hijo de otra madre? Probablemente no. Además, que ames a alguien no justifica la incompetencia o el daño que esa persona pueda causar o generar a través de sus acciones. Por tanto, en ocasiones este amor incondicional te ciega y te hace perder objetividad.

Por encima de este amor incondicional encontrarás el amor indefinido. Este es el amor libre de toda definición y objetivo. Cuando dices "amo el chocolate" estás definiendo el amor hacia el chocolate. Cuando afirmas "amo a mi madre" de nuevo estás definiendo el amor hacia tu mamá o cualquier otra persona. Este amor definido es limitado y es el que tratas de acumular. Como siempre, debes encontrar el punto medio entre a veces definir el amor para disfrutar una experiencia determinada, y cultivar el amor indefinido al mismo tiempo para volver a auto-llenarte de la fuente original y así tener más recursos para seguirlo compartiendo.

Para lograrlo durante este ejercicio en lugar de contemplar "amo mi vida" o "amo a mi familia" simplemente contempla "amor" sin mayor definición, sin permitir que la mente lo trate de definir o etiquetar de ninguna manera. Respira desde tu abdomen y contempla de forma suave la palabra "amor" o *Prema* (amor en sánscrito) dejando que de forma natural comience a aparecer ese sentimiento indefinido y sutil de amor. No lo fuerces a que se haga grande o se convierta en una explosión, dale tiempo e irá creciendo poco a poco hasta llenarte completamente.

Para ayudarte puedes visualizar todas tus células y todos tus huesos y músculos formados por corazones rojos, cálidos y tiernos. Puede parecer absurdo, pero date la oportunidad de intentarlo. Sin pensar en nada ni nadie, sino sólo la pura experiencia del Amor indefinido sin límites. Como si estuvieses bajo esa cascada de amor infinito sin tratar de quedártelo, sino dejándolo fluir, y cada pocos segundos repite en tu mente *Prema*, Amor.

Hazlo de 5 a 10 minutos diarios y estarás reconectando con la fuente original de amor puro que tanto buscas en el exterior. Entonces estarás preparado para dar ese amor a los demás y fluir.

Simplicidad

Mi vida es simple y soy feliz.

Esta es la virtud que te enseña a abrazar la vida, el momento presente y cualquier situación que esté sucediendo tal y como es, sin juicios ni interpretaciones. La vida es simple y eres tú quien la complica.

Tu costumbre de luchar contra lo que es te dificulta la vida. Observa cuánto peleas para que la vida se transforme en lo que tú quieres. Es como querer cambiar la trayectoria de un trasatlántico en movimiento con tu mano. ¿Cuánto más sencillo no sería fluir hacia donde el barco va? ¿Cuántos problemas te ahorrarías si fluyeses hacia donde la vida te va llevando?

Ya has aprendido que no hay objetivos o misiones de vida que cumplir, por tanto ¿qué tan dramático puede ser un cambio en la dirección de tu rumbo?

Simplicidad no es conformismo. Ser conformista es permanecer siempre en la inercia, sin voluntad propia. Simplicidad es aceptar fluir con el agua del río en lugar de ir contracorriente. Habrá ocasiones en que, desde dentro del agua, podrás alterar el cauce y destino del río, y habrá ocasiones donde no podrás hacer nada más que fluir y disfrutar el viaje. Cuanto más simple eres, más sencilla es tu vida y cuando todo es simple es tremendamente fácil alterar y cambiar el movimiento del trasatlántico porque no hay nada que se resista.

Así es la vida, con frecuencia estás ante situaciones donde no hay nada que puedas hacer y, en vez de rendirte y fluir, sigues peleando y complicándote la existencia. Ante una situación que no te guste, luchar contra ella de hecho reduce las posibilidades de cambiarla. Si existe alguna alternativa de cambiarla ten por seguro que inicia con aceptarla tal y como está sucediendo en este momento. Debes infiltrarte en lo que está sucediendo, hacerte uno con ello y desde dentro, como un espía, si algo puedes hacer para mejorarlo hazlo y si no, fluye con ese movimiento de la vida.

Ser simple es vivir en el aquí y en el ahora, dándote cuenta de que en este preciso momento no necesitas ni más dinero, ni más amor, ni absolutamente nada. Es una opción, pero no una necesidad. Es darte cuenta de que en este instante nadie te está atacando, insultando u ofendiendo, entonces ¿qué tan mala es tu vida ahora mismo?

En este momento lo único que necesitas es poder tomar la siguiente respiración, eso es todo. ¿Puedes respirar? ¿Sí? Entonces en este exacto momento todo está bien. No hagas caso a todas las voces en tu interior que te dicen que no es verdad. Eso es lo que causa complicación en tu vida.

Tras darte cuenta de lo simple de este momento presente, ahora haz un repaso de tu día. De las horas que han pasado, ¿cuántos minutos han sido malos? Quizás 15 minutos si discutiste en tu trabajo o con tu pareja, pero el resto del día podría haber sido un día tranquilo si hubieses permanecido en la simplicidad del ahora y no en el drama de esos 15 minutos en los que te quedaste estancado.

Cuando te sucede algo alegre inmediatamente eres capaz de aceptarlo, abrazarlo y disfrutarlo, no lo dudas ni un solo instante. Ser simple es hacer lo mismo con cualquier experiencia que tengas. Si estás sufriendo, no huyas del sufrimiento y tampoco lo dramatices. Primero acéptalo conscientemente para que puedas llegar a abrazarlo también pues es lo que estás viviendo en ese instante. Si tratas de evadirlo o huir de él, se va a repetir de nuevo y cada vez complicará más tu vida.

Aunque suene mal, si la vida es una basura, ¡abraza la basura!

Otro error común es confundir simplicidad con pobreza o aburrimiento, pero esto es un malentendido. Hay personas pobres arrogantes y personas multimillonarias simples. Simplicidad es aceptar que, si tu economía te permite ir a un restaurante caro de vez en cuando, ve y disfrútalo porque para eso trabajas y te esfuerzas. Igualmente es aceptar que, si no te lo puedes permitir, entonces comerás en un restaurante barato o en tu casa y lo puedes disfrutar igualmente. Como ves, la simplicidad no está en las acciones sino en tu actitud. Si no puedes aceptar comer en un lugar barato o tomar un vino barato, eres complicado. Si no puedes aceptar una invitación a comer en un lugar caro, eres complicado, pues es lo que la vida te está ofreciendo en ese instante.

Quizás alguna vez en tu vida alguien que te quería te hizo un regalo caro, un reloj o una joya, algo que no te esperabas y tuviste la típica reacción de "no lo puedo aceptar, es demasiado". ¿Es esto ser simple? Si esa persona te está dando ese regalo valioso es porque desea hacerlo y porque se lo puede permitir. Lo más simple que puedes hacer es tomar el regalo y mostrar tu gratitud hacia esa persona. Nunca des por hecho que nadie te tiene que hacer regalos y mucho menos caros; cuando sucedan acéptalos y cuando no sucedan acéptalo igualmente.

Tampoco confundas la simplicidad con falsa humildad. Supongamos que cocinas un platillo que te queda exquisito y tus amigos te dicen "¡Qué buen cocinero eres!" y entras en la actitud de "no… no es para tanto, tampoco soy tan bueno". Esto es falsa humildad porque de hecho sabes que cocinas rico, así que al decir "no tanto" estas mintiendo pues tú estás de acuerdo con ellos en que te quedo buenísimo el platillo. Lo más simple que podías contestar a un cumplido así sería algo como "sí, a mí también me gusta mucho como quedó, gracias". Tratar de disimularlo es ser complicado y es falsificar la humildad. Aceptar las cosas que se te dan bien es ser simple y humilde, así como aceptar aquellas que no se te dan bien. Es abrazar lo que eres y lo que haces tal como es en todos los aspectos. Igual que antes, no esperes que la gente haga cumplidos acerca de ti y tus cualidades, eso es ser complicado. Cuando te los den acéptalos con simplicidad y cuando no sucedan acéptalo con simplicidad.

Para desarrollar esa simplicidad, primero contémplate a ti tal cual eres en este momento. Con tus virtudes y tus reacciones por resolver y, en lugar de ser duro, abrázate y acéptate tal como eres en este momento. Deja de luchar y de pelear contra ti mismo. Respira y con esta consciencia de tal y como eres en este momento contempla: "Soy simple". Permítete caer en esta simplicidad de no luchar contra ti. Sólo aceptar y abrazar. "Soy simple". Permanece así unos minutos.

Luego extiéndelo a tu entorno, si tú eres simple entonces no queda otra opción que tu vida también lo sea, pues tu vida eres tú. Contempla ahora "mi vida es simple". Y cuando las voces en tu interior estén en contra, durante la meditación no les hagas caso, es como un vendedor ambulante queriéndote vender algo que no necesitas, tan sólo no compres. Permanece en "Soy simple, mi vida es simple". Y si tu vida es simple y todo está bien entonces no puede haber otra cosa salvo alegría.

Practica con frecuencia "Mi vida es simple, soy feliz", o repite el manta *Tathagata*, que significa simplicidad en sánscrito. Medita en esta frase o mantra conectando con este sentimiento de simplicidad y suave felicidad. *Tathagata* es la experiencia de aceptar y abrazar la vida, a ti, cada experiencia y las cosas tal como son.

Hazlo diariamente entre 5 y 10 minutos o cada vez que sientas que tú o tu vida se complican.

Abraza lo que es tal cual es. Abraza lo que eres tal cual eres.

Sé simple, sé feliz.

Soy un acto divino de Dios
Soy Luz blanca
Estoy iluminado
Soy Buda
¡Despierta y recuerda!

Shivagam

www.ingramcontent.com/pod-product-compliance
Lightning Source LLC
LaVergne TN
LVHW041334080426
835512LV00006B/455